시니어 선교 이야기

시니어 선교 이야기

ⓒ 생명의말씀사 2018

2018년 3월 30일 1판 1쇄 발행

펴낸이 | 김재권
펴낸곳 | 생명의말씀사

등록 | 1962. 1. 10. No.300-1962-1
주소 | 서울시 종로구 경희궁1길 5-9(03176)
전화 | 02)738-6555(본사)ㆍ02)3159-7979(영업)
팩스 | 02)739-3824(본사)ㆍ080-022-8585(영업)

기획편집 | 유선영
디자인 | 김혜선
인쇄 | 영진문원
제본 | 정문바인텍

ISBN 978-89-04-10124-5 (03230)

저작권자의 허락없이 이 책의 일부 또는 전체를
무단 복제, 전재, 발췌하면 저작권법에 의해 처벌을 받습니다.

＊모든 인명과 지명은 가명 또는 약자로 표기했습니다.

시니어
선교 이야기

**When we step out of our comfort zone,
God moves and works through us.**

우리가 익숙한 일상생활을 떠나 선교지로 나가는
발걸음을 뗄 때, 하나님은 우리를 통해 일하신다.

조영희 지음

생명의말씀사

프·롤·로·그

인생 최고의 시간을 되새기며

처음에는 '대단한 이야기도 아닌데….' 하는 주저함도 있었지만, 선교지에서 하나님을 경험했던 시간을 잊지 않고 싶다는 마음으로 이 책을 쓰게 되었습니다. 나이가 70세가 되고 보니 잘 잊어버리는 시기에 들어선 것을 느낍니다. 아마 80세가 되면 더 많은 기억이 희미해지겠지요. 저는 그때가 되어서도 제 인생 최고의 시간이었던 선교지에서의 시간을 기억하고 싶습니다. 이 책을 읽으며 선교지에서의 모든 일을 행하신 하나님을 다시 경험하고 하나님의 은혜를 되새기고 싶습니다.

이 책을 내는 두 번째 이유는 선교지로 나가려고 준비하는 분들, 특히 시니어(senior) 선교사들께 도움이 되었으면 하는 바람 때문입니다. 저희 늙은 부부를 선교지로 보내신 하나님은 모든 것을 예비하고 계시다가 무언가 부족하거나 필요할 때마다 하나씩 꺼내 도와주셨습니다. 모든 것을 하나님께서 하셨고 저희는 그분의 도구로 사용되었을 뿐입니다.

제가 살아온 인생길에서 하나님께서 이미 알게 모르게 저를 이모저모로 준비시켜 오셨다는 것도 알았습니다(Lord trains you before you go). 그것은 손 대접하고 밥하는 경험일 수도 있고, 직장생활에서 얻은 기술, 지식, 경험일 수도 있고, 가난했던 한국에서 성장한 배경일 수도 있습니다. 모든 것이 준비되어서 선교지에 나가는 것은 아니기에 선교의 꿈이 있다면 주저 말고 첫 발걸음을 내디디라고 말씀드리고 싶습니다.

 이 책의 어떤 부분은 설명이 장황할 수도 있습니다. 자세하게 기록한 이유는 선교지로 나가는 분들이 비슷한 상황에 처했을 때 도움이 되지 않을까 하는 마음 때문입니다. 또한, 글의 중간 중간에 나오는 전구💡 표시는, 저에게 선교란 무엇인가를 다시 한번 생각하게 했던 부분을 표시해둔 것입니다. 여러분도 이 책을 읽다가 전구 표시를 보면, 잠시 쉬어가며 선교에 대해 마음에 새겨보시면 좋겠습니다.

우리가 익숙한 일상생활을 떠나
선교지로 나가는 발걸음을 뗄 때,
하나님은 우리를 통해 일하신다.

When we step out of our comfort zone,
God moves and works through us.

2018년 2월, 시카고에서
조영희

차 · 례

프롤로그 인생 최고의 시간을 되새기며 / 04
추천하는 글 / 10

Chapter 1. 선교지로 떠나다   / 25

출발 / 나를 선교지로 보낸 말씀 / 왜 중국으로? / J시로 방향을 바꾸다 / 세 가지 기도 제목 / 돕는 손길

Chapter 2. 한 영혼을 만나다   / 41

대학 등록 / 이모와 엉클 샘 / 한 영혼 / 영어로 포장된 성경 말씀 / 잠언의 지혜 / 한 발짝씩 다가선 복음 / 한 영혼이 잉태되다 / 영적 갈등 / 지속적인 관심 / 한 영혼을 향한 사랑 / 한인 교회 / 버스에서 전한 복음 / 새삼 깨닫는 감사

Chapter 3.   복음의 씨앗을 뿌리다 / 71

두 번째 학기 /이슬비 작전 / 인생길을 비추는 말씀의 등 / 감사절 디너 / 문화행사 / 열리고 있는 마음 문 / 생일 축하 /세 여학생 / 복음으로 장식한 크리스마스 파티 / 믿고 싶습니다 / 잊지 못할 크리스마스 / 준비된 영혼 / 뒤바뀐 학생 / 두 번째 방학

Chapter 4.   말씀의 물을 주다 / 109

한 학기 연장하다 / 새 생명이 태어나다 / 부활절의 세례식 / 애니의 간증 / 준비된 토양 / 소수민족 여학생 / 기관지염을 앓다 / 망설이는 영혼 / 1년 반의 결실 / 선교지에서 맞은 결혼 40주년 / 학교생활 이야기 / 마음이 고픈 한국 유학생들 / 종업식 / B시를 떠나던 날

Chapter 5. **마음은 두고 오다** / 143

내려놓을 수 없는 마음 / 대학생 성경공부 / 예수님으로 치유된 상처 / 나눔의 시간 / 아직도 할 일이 많은 곳 / 특별한 감사 / 신앙의 성장통

Chapter 6. **다시 돌아가다** / 161

다시 한번 중국으로 / 영어 성경공부반 / 말씀과 섬김 / 간이 주일학교 / 주일학교 활동 / 린 자매의 꿈 / 청소년들의 현주소 / 학생 수양회 / 도우시는 하나님의 손길 / 기쁨이 넘친 수양회 / 모든 것이 합력하여 / K시를 떠나다 / 좋은 집 주인

Chapter 7. 영원한 짝사랑이어도 좋다 / 199

성령의 권능으로 / 하나님을 경험하는 시간 / 감사를 배우는 시간 / 단순함이 행복한 시간 / 맛있는 것을 보면 생각나는 사람들 / 구멍가게 수준의 사역 / 복음의 문 / 모두 하나님이 하셨다!

감사의 글   선교는 동역의 오케스트라   / 212
부록
1. 성경공부에 사용한 잠언 말씀   / 214
2. 사영리(Four Spiritual Laws)   / 217

추·천·하·는·글

주님이 역사하신 선교 현장의 감동 스토리

　김성용 장로님과 조영희 권사님은 제가 시카고 그레이스교회에서 만난 복음의 동역자님들입니다. 1993년에 만나서 25년 동안 복음을 위하여 함께 인생을 살아온 분들입니다. 제가 시카고 그레이스교회로 청빙 받을 때 제일 먼저 전화를 하신 분이 김성용 장로님이시고, 또 그레이스교회의 예배 처소를 구하기 위해 스코키의 연합감리교회를 찾아갔을 때 함께 가신 분들도 바로 이 두 분이십니다. 그 후 중국의 M족을 입양하고 그레이스교회의 교인들이 최초로 중국을 방문했을 때도 두 분의 두 아들인 솔이와 아람이가 갔습니다.

　그 후 제가 시카고 그레이스교회를 떠나서 볼티모어 벧엘교회를 거쳐 한국 다애교회를 목회하고 있는 지금까지, 두 분은 꾸준히 M족의 복음화를 위해 헌신하셨을 뿐만 아니라 중국의 영혼들을 품고 중국에 가셔서 직접 복음을 전하셨습니다.

　최근에 시니어로서 선교에 헌신하시고 책을 쓰셨다는 소식을 들었습니다. 저는 이 책을 읽을 때 시간 가는 줄 모르고 거의 단숨에 읽었습니다. 제가 두 분을 잘 알기에 그 글을 읽으면서 두 분의 표정까지도 느껴지는 듯 생생했기 때문도 있지만, 그보다는 두 분을 통해서 우리 주님께서 놀랍고도 섬세하게 역사하신 것이 큰 감동으로 다가왔기 때문입니다.

  이 책의 문장과 표현에는 조영희 권사님의 성품이 그대로 드러나 있습니다. 섬세하고 정확하신 평소의 생활 태도가 선교 사역에서도 발휘되었을 뿐만 아니라, 그 사역을 글로 정리하시는 데도 쓰임 받는 것 같습니다. 두 분이 늦은 학생으로서 학교에 다니시면서 여러 젊은 학생들을 만나면서 전도하신 이야기나, 지역교회를 섬기시면서 성인들과 특히 청소년들을 전도하신 이야기 속에 두 분의 평소 신앙의 모습과 성품이 그대로 드러나서 참 반갑고, 재미있고, 무엇보다 은혜스러웠습니다.

  두 분의 선교 경험은 시니어 선교의 한 모델이 되기에 충분하다고 생각합니다. 미국에서 오래 사신 타 문화권 경험을 바탕으로 선교지에 가셔서, 전문적으로 훈련받은 여느 선교사 못지않게 훌륭하게 사역을 하셨습니다. 두 분은 시니어 선교사님들, 특히 미주 출신의 시니어 선교사님들의 모델이 되시기에 아주 적절하다고 생각합니다.

  저는 앞으로 미주뿐만 아니라 한국에서도 시니어 선교사님들이 많이 일어나기를 기도하면서 기대하고 있습니다. 이 두 분이 선교지에서 겪은 흥미진진하고도 모범적인 사역의 스토리들이 미래의 시니어 선교사님들에게 모델이 될 뿐만 아니라 격려와 도전도 되리라고 믿습니다. 이 두 분은 전문적인 선교사 훈련을 받지 않으셨는데도 정말 효과적으로 사역을 하셨습니다. 저는 선교의 전문가는 아니지만, 그런 점에서 이 책이 하나의 사례집으로서 시니어 선교사의 교과서로도 활용될 수 있을 것 같다고 생각합니다.

두 분은 선대 때부터 예수 믿는 집안입니다. 김성용 장로님의 외조부 되시는 분은 김창덕 목사님이신데 일찍이 1930년에 장로회 총회가 만주로 파송하여 만주 여러 지역에 40여 개의 교회를 개척하시고 전도하신 초대교회 목사님이십니다. 그리고 조영희 권사님의 조부 되시는 조시한 목사님은 평양신학교를 나오셔서 평북 용천에서 세 교회를 맡아 순회 목회를 하셨고, 정주읍교회를 20년간 시무하셨으며, 해방 후 안주에서 안주서교회를 지키셨던 분이십니다.

이렇듯 믿음의 가정 출신들답게 주어진 삶의 상황에서 주의 인도를 받으시면서 훌륭하게 평신도 시니어 선교사로서 사역을 감당하신 분들이라 기쁨으로 이 책을 추천합니다. 우리 주님께서 이 책을 통해서 수많은 시니어 선교사님들에게 용기를 주셔서 편안한 삶의 환경을 떠나 거친 선교지로 과감하게 떠나도록 하실 줄 믿습니다. 그리고 그 거친 선교지가 사실은 세상에서 가장 안전한 주님의 품속인 것도 깨닫게 하실 줄 믿습니다.

_ 이순근 목사(다애교회 담임목사)

이 땅에서만 주어지는 유일한 기회, 선교

이 이야기의 주인공인 두 분을 처음 시카고에서 만난 지도 벌써 20여 년이 지났다. 한결같은 마음으로 살아오신 두 분의 믿음의 여정을 보아 왔기에 이 책의 출간이 참 흐뭇하고 부러운 마음마저 든다.

두 분은 20여 년 전 미전도 종족 선교를 위해 입양된 중국의 한 종족을 평생 마음에 품고 먼발치에서 기도하고 후원한 것에만 그치지 않고, 결국은 그들을 안아보고자 직접 선교지로 향했다. 시니어의 연세이지만 어린아이와 같은 순수한 영혼을 지닌 두 분이 마치 자녀를 잉태하는 어머니의 심정으로 행했던 그간의 경험들을 이 책에서 진솔하게 나누고 있다.

70세가 넘어서도 앞을 바라보고 할 일이 있다는 것은 영생을 사는 그리스도인의 특권이다. 천국은 기쁨으로 가득 찬 곳임이 틀림없다. 그러나 그곳에도 한 가지 후회가 있을 수 있지 않을까 감히 생각해본다. 이 땅에서만 주어지는 유일한 기회, '선교'. 하나님의 심정을 가장 가까이 느낄 수 있는 그 기회를 놓친다면 천국에서도 후회하게 되지 않을까? 그런 의미에서 이 두 분은 후회 없는 이 땅에서의 삶을 사신 멋진 분들이다. 이들은 우리도 그 자리에 초청하고 있다.

_ 박형진 교수(횃불트리니티신학대학원 대학교)

편안한 노후를 뒤로하고 걸어간 길

중국의 C도시에서 광복군을 만난 것처럼 두 분을 만났다. 그 도시는 우리의 임시 정부가 있었던 곳이었기에 그런 느낌을 받았던 것 같다. 숨어서 일해야 하는 선교사는 광복군과 비슷하다고 해도 과언이 아니다. 한때 선교 사역을 하는 중에 '복음의 밀수꾼'이라는 말이 가슴 찡하게 다가온 시절이 있었다. 두 단어가 함께 오버랩이 된 상황이었다. 김성용 장로님과 조영희 권사님도 바로 이러한 사역의 주인공들이다. 이들은 천국의 광복군이기도 하고 복음의 밀수꾼이기도 하다. 그리고 시니어 선교사다.

스릴, 감격, 그리고 감동과 환희의 선교 간증이 마치 스토리텔링처럼 뿜어져 나온다. 너무너무 재미있다. 놀라운 하나님의 숨소리를 듣는 것 같다. 이것은 두 선교사님의 멋진 헌신과 모험이 만들어내는 선교 현장의 이야기이기에 더욱 흥미롭다. 이분들은 노후를 아주 편하게, 그리고 안전하게 보낼 수 있는데도 모든 것을 뒤로하였다. 선교의 사명을 나 몰라라 할 수 없었던 것이다. 요즘 시니어 선교사를 황금기 선교사라는 말로도 표현한다. 황금 같은 때를 돌처럼 여기고 주님을 위해 고난의 길을 가신 이분들의 얘기를 한번 귀담아들어보기를 간절히 바란다.

선교의 모험만큼 가치 있는 것은 없다. 아브라함, 요셉, 이스라엘의 영웅 다윗은 모두 모험의 사람이었다. 모험은 항상 하나님의 손길을 볼 수 있는 통로가 된다. 두 분의 인생 모험도 멋진 간증이다. 스위스의 정신의학자 폴 투르니에(Paul Tournier)의 책 『모험으로 사는 인생』을 읽지 않더라도, 하나님을 위해 모험하는 사람에게는 항상 이런 간증이 일어날 수밖에 없다.

이 책을 읽는 분들도 비록 그 땅을 밟지는 않았지만 기필코 기적이 일어날 수밖에 없는 선교 상황을 함께 체험하게 될 것이다. 그 체험을 통해 영원한 인생을 바로 보는 축복의 기회가 되기를 이 추천서를 통해 도전해보고 싶다. 선교사의 삶은 우리에게 영원한 나라를 사모하게 하는 매력이 있다.

_ 이재환 목사(컴미션 선교단체 대표)

'한 달란트의 시간'으로 품은 영혼들

누군가 책을 낸다는 것은 자기를 들여다보는 것이며, 다른 사람들이 자기를 들여다보도록 문을 열어주는 일입니다. 그리스도인이 책을 낸다는 것은 자신에게 행하신 하나님의 손길을 찾는 것이자, 다른 사람들이 자신에게 이루신 하나님의 역사를 보게 해주는 일입니다. 이 책이 그렇습니다.

저자인 조영희 권사님은 사람을 잘 케어하는 분입니다. 영혼을 잘 돌아보는 눈이 있습니다. 그래서 누가 아픈지, 누가 지쳤는지 잘 알아냅니다. 주변에 수많은 사람이 있어도 절실한 사람을 어찌 그리 잘 찾아내는지 모릅니다. 그런데 책을 읽어보니 답이 분명해졌습니다. 하나님께서 그리하셨습니다.

도울 마음을 품으니, 그 누군가를 보내주셔서 만나게 하셨습니다. 자연스럽게 만나고, 소개해서 만나고, 찾아와서 만나며, 길에서 만나고, 버스에서 만나며, 모임에서 만났습니다. 그렇게 만난 한 사람, 한 사람을 향한 세심한 관심과 지속적인 사랑이 책의 전편에 강물처럼 흐릅니다. 선천적인 저자의 순종도 빛나지만, 그 삶에 역사하신 하나님의 신실하심이 더욱 빛납니다.

저자는 열심히 살았습니다. 쉼을 누려도 됩니다. 은퇴 마을 해변에 앉아 노닥거릴 수 있는 여유도 있습니다. 하지만 '한 달란트의 시간'을 그대로 묻어두고 싶지는 않았습니다. 어느 길인지 모르면서 부단히 준비한 것이나, 훗날 중국, 한국, 미국을 오가며 학생들의 '이모'로서 보낸 시간은 이런 마음의 깊은 몸부림이었습니다. 중국 땅의 모 지역을 사모하는 눈빛은 그 땅의 사람들을 향한 사랑이었으며, 나아가 이 땅에서 행하시는 하나님의 이름을 높이려는 소망이었습니다.

은퇴한 자에게 주어진 소중한 '한 달란트의 시간', 그 한 달란트로 선교 현장에 달려가니 이런 일들이 일어났습니다. 저자는 하나님께 자신이 드린 한 달란트의 시간이 또 다른 한 달란트를 일으켜 세우면 좋겠다는 소망으로 실버들을 깨우고 싶어 합니다. 마지막으로 남겨야 할 업적 때문이거나 밋밋한 은퇴의 일상 때문이 아닙니다. 한 달란트의 시간이 얼마나 귀한지 알기 때문이며, 그것을 사용하실 우리 하나님의 능력이 얼마나 큰지 친히 경험했기 때문입니다.

저자 내외분의 헌신적 수고와 사랑에 큰 박수를 보냅니다. 또한, 이어서 동참할 곳곳의 '한 달란트의 시간'을 가진 이들이 쓸 새로운 선교 역사를 기대하며 응원합니다. 그리고 이 모든 일을 이루시는 하나님께, 저자 조영희 권사님과 함께 영광을 돌려드립니다.

_ 원종훈 목사(시카고 그레이스교회 담임목사)

시니어 선교 준비자에게 길잡이가 될 책

　김성용 장로님과 조영희 권사님은 하나님이 나에게 보내주신 위로자였다. 두 분은 행복 바이러스를 선사하는, 영혼이 맑은 분들이었다. 짧은 만남이었지만 큰 인상을 남기고 떠나신 분들이며, 하나님이 맺어주신 동역자였다. 두 분을 우리 교회에 보내주신 하나님께 감사를 드린다.

　두 분이 중국에서 사역하며 경험한 내용을 중심으로 쓰신 『시니어 선교 이야기』는 시니어 선교를 준비하는 개인이나 교회, 선교단체뿐 아니라, 선교를 준비하는 모든 분과 또한 선교지에 살면서 하나님 나라를 고민하는 성도들에게도 꼭 필요한 내용이다. 자신에게 남은 달란트를 어떻게 써야 할지 고민하는 사람들에게 이 책이 큰 도움이 될 것이다.

　이 책에는 한 영혼을 향한 주님의 마음이 담겨 있다. 한 영혼을 만나게 하신 하나님의 섭리와 그 한 영혼을 영적으로 잉태하여 돌보고, 섬기고, 양육하고, 기다리고 연합하며 해산하기까지의 과정을 다민이 이야기를 통해서 생생히 보여주고 있다. 그 각각의 단계마다 선교사역 현장에서의 고민을 공유함으로써 선교를 준비하는 분들에게 분명한 길잡이가 되어 주리라 믿는다.

　또한, 애니 이야기를 통해서는 한 영혼이 어떻게 하나님의 사람으로 바르게 서 가는지를 보게 된다. 영혼 구원의 문제는 한국이나 미국이나 중국이나 동일한 기본 원리를 갖고 있다. 절대로 하루아침에 씨 뿌리고 수확할 수 없다. 농부가 씨를 뿌리기 위해 씨앗을 준비하고 토양을 갈고 물을 대는 등 수확 때까지 수많은 단계를 거쳐 마침내 추수하는 것처럼 영혼의 농사도 그와 같다.

이 과정을 두 분을 통해서 이루어가시는 하나님의 손길을 지켜보면서 감동이 물밀듯 밀려왔다. '누군가가 나를 그렇게 품고 기도하며 안타까워하고, 또 기뻐하며 기대하고 소망했겠구나. 주님이 그 마음을 심어 주셨겠구나. 아니, 주님이 그런 분이셨겠구나. 하나님은 당신의 마음을 품은 신실한 종들을 통해서 지금도 세계 각처에서 이렇게 한 영혼, 한 영혼을 불러내고 계시는구나.'라는 생생한 그림이 그려진다.

특히 시보족 자매를 만난 이야기는 내 눈을 번쩍 뜨이게 했다. 두 분이 먼 데서 교통도 끊어질 시간에 우리 교회 송구영신예배에 참석하셨는데, 마침 거기서 말씀 뽑기 및 섬길 민족을 뽑는 시간에 동참하셨다가 뽑았던 민족의 자매를 만났기 때문이다. 하나님이 이 사역을 어떻게 이루어가실지 알 길이 없는 나는 그 놀라우신 하나님의 경륜을 보는 것 같아 가슴이 벅차오른다.

2016년에 두 분이 다시 선교지로 들어오신다고 했을 때 하나님은 K시의 한 교회와 사역자를 예비해놓으셨다. 모든 것이 주님이 미리 준비하신 일임을 느낄 수 있었다. 두 분은 그 부르심에 순종해서 1년여 동안 수고하셨다. 영어 성경공부와 주일학교 사역, 다양한 매체와 교재를 활용한 사역, 청소년 수양회 준비와 연합 사역 등의 동역 과정에 나타난 하나님의 손길을 찬양한다.

선교는 "아버지께서 나를 보내신 것 같이 나도 너희를 보내노라"(요 20:21)는 말씀에서 비롯되었다. 삼위일체 하나님이 보내시는 일이기 때문에 하나님이 책임지신다. 우리가 하나님의 부르심에 절대적으로 순종하고 기도하면, 주님이 사람과 물질과 동역자와 선교 대상까지도 책임져 주신다는 사실을 믿어야 한다. 왜냐하면 선교는 주님의 세계 경영이기 때문이다.

이 책을 통하여 시니어 선교사들이 나도 할 수 있다는 자신감을 가지고 안전지대를 떠나 주님이 지시하는 곳으로 갈 수 있기를 기도한다. 주님이 책임져 주심을 경험하고 그 유산을 자손들에게 남기는 은혜를 누리기를 바란다.

_ 아브라함 J 목사(J시 한인교회 담임목사)

잃어버린 한 영혼을 향한 열정

조영희 권사님의 책을 기다려온 많은 이들처럼 저도 오랜 시간 동안 이 책이 출간되기를 고대해왔습니다. 이 책은 어떻게 하나님 나라를 섬길 수 있을지 고민하는 시니어들에게 훌륭한 지침서가 될 것입니다. 뿐만 아니라 꿈과 방향을 고민하며 모델을 찾는 모든 젊은이들에게도 큰 귀감이 될 것이라 확신합니다.

피조물인 우리가 창조자를 경험하고 알아가며, 그 창조자의 이야기에 쓰이는 삶만큼 행복하고 영광스러운 삶이 있을까요? 그러한 삶의 최고봉은 다름 아닌 잃어버린 영혼을 대하는 자리일 것입니다. 조영희 권사님은 그 영광스러운 자리를 그 누구보다 사모하고 끊임없이 그 자리를 향해 지금도 걸어가고 계십니다. 그 자리에 있기에 경험하는 불편과 고통이 한두 가지가 아니지만, 창조자가 주시는 은밀하고 깊은 기쁨이 그 모든 것을 이기기에 부족함이 없어서 결국 불편과 고통의 이야기는 함께 웃는 유머와 추억이 되어 버리곤 합니다.

그래서 그분의 이야기가 새겨진 선교지에서의 삶과 고백이 담긴 이 책이 그리 맛날 수가 없습니다. 이 이야기들이 그토록 재미있어 웃게 되고 가슴을 울리는 울림 속에서 울게 되는 것은, 우리를 향하신 하나님의 뜻이 우리에게 머물지 않고 열방과 땅 끝의 한 영혼에게로 향하기를 원하는 권사님의 열망과 열정, 그리고 질투가 또렷이 보이기 때문입니다. 그래서 선교사인 저에게도 다시 처음 마음을 찾아갈 수 있게 하기 때문입니다.

조영희 권사님은 그 누구보다 젊으신 분입니다. 앞으로의 일들을 계획하고 꿈꾸며 고민하고 그 계획들을 실천에 옮기는 젊은 어른 갈렙 같습니다. 하나님이 우리 삶을 통해 이루고 싶으신 일들을 늘 궁금해 하고 물어보곤 합니다. 그래서 옆에 있으면 같이 그 꿈을 꾸고 같이 그 꿈을 이루기 위해 선한 싸움의 현장으로 뛰어들게 됩니다. 삶의 가장 큰 권위를 하나님의 말씀에 두고 순종하되, 적극적인 순종으로 본을 보이시며 이 땅의 잔치가 아니라 잃어버린 한 영혼이 주께 돌아올 때 펼쳐지는 하늘의 잔치에 맘을 두고 사시는 그 삶이 참으로 큰 본이 되고 또 쫓아가고 싶은 모델이 됩니다.

누구든 이 책을 읽기 시작하면 덮기가 힘들 것입니다. 또, 나도 한번 이렇게 살아보고 싶다는 소망을 갖게 될 것입니다. 왜냐하면 이 이야기는 어떤 한 사람이 걸어온 이야기가 아니라, 하나님의 발걸음과 열정이 풍성히 담긴 이야기이기 때문입니다. 그래서 시니어 선교를 계획하시는 분뿐만 아니라 목회자와 선교사, 성도들이 모두 읽었으면 좋겠습니다.

_ **소망 선교사(YWAM 소속 선교사)**

▲ 중국 학생이 그려준 우리 부부의 모습

선교지로 떠나다

출발

  2013년 2월, 우리 부부는 중국을 향해 떠나게 되었다. 오랜 시간의 기다림 끝에 드디어 떠나는 것이었다. 그 기다림은 20여 년 전에 시작되었던 것 같다. 당시 우리 교회(미국 시카고 북부 교외에 위치한 미주 한인 예수교 장로회 소속 그레이스교회(Grace Presbyterian Church). 우리 부부는 1993년 교회 설립부터 25년간 이 교회를 섬기고 있다.)의 초대 목사님이셨던 이순근 목사님은 내가 선교에 대해 눈을 뜨고 선교의 비전을 갖는 데 큰 영향을 주셨다.

  목사님은 우리가 구원의 은혜를 받았으니 이미 세상에서 받을 복은 다 받았다고 하셨다. 성숙한 크리스천은 자신의 유익보다 타인의 유익을 구한다고 하셨다. 자장면 가게에서 자장면을 만들어서 매일 직원끼리만 맛있게 먹고 손님이 와서 먹게 하지 않으면 장사가 될 수 없듯이, 교회도 구원받은 은혜를 불신자에게 나누어주고 예수님을 믿게 해야 하지 않겠느냐고 하셨던 말씀이 기억에 남는다.

  또한, 목사님의 신학교 동창 분들 중에 훌륭한 선교사가 되신 분들이 우리 교회에 오셔서 설교하곤 하셨는데, 그분들의 말씀과 간증이 나에게 선교에 대한 호기심을 갖게 하고 도전을 주었다. 나는 '만약 내가 선교지에 간다면 어디로 갈까? 가서 무엇을 할 수 있을까?' 하는 생각을 머릿속으로 그려보곤 했다.

 그 후 나는 일리노이대학교(University of Illinois at Urbana-Champaign)에서 열리는 대학생 선교대회나, 시카고 교외에 있는 휘튼대학교(Wheaton College)에서 4년마다 열리는 한인선교대회에도 참석하면서 선교가 무엇이며 선교사의 삶이 어떤 것인지 어렴풋이 알게 되었다. 선교에 관한 여러 글을 읽고, 특히 오랫동안 '난 곳 방언'을 읽으며 성경 번역 선교에 관심을 가져보기도 했다. 또 당시 한창 붐이었던, 중국에 가서 영어를 가르치는 일을 나도 할 수 있을까 생각해보기도 했다. 이처럼 기다림의 시간은 나에게는 배움의 시간이었고, 이런저런 선교의 꿈을 꾸는 시간이었다.

 우리에게 기다림의 시간이 길었던 것은 우리가 아직 직장에 다니고 있는 데다 두 자녀도 학생이었고, 경제적으로 일을 해야 하는 형편이었기 때문이었다. 그래서 우리에게 선교지에 나가는 일은 은퇴 후 '미래의 일'이었다. 그런데 그 미래의 일이 드디어 현재의 일, 지금 일어나는 일로 다가왔다. 남편은 교회 시무장로의 일에서 은퇴하고 나도 직장에서 은퇴하여 선교지로 나가게 된 것이다. 나는 이렇게 생각한다. 우리에게 하나님을 향한 꿈과 소원이 있으면, 하나님은 언젠가 이루어주신다고. 💡

 1972년, 유학생으로 미국에 왔다가 정착하여 가정을 이루고 자녀를 키우며 사는 이민자가 된 나는, 모든 미국 이민자가 그랬던 것처럼 열심히 이 땅에서 뿌리내리며 살았다. 그 후 나는 회계학을 공부하고 공인회계사(CPA)가 되어 내부 감사(Internal Auditor)로 미국 회사에서 30년을 일했다.

16년은 은행에서 일했는데 처음 몇 년은 시카고 시내에 소재한 큰 은행에서, 나머지 11년은 북부 교외에 위치한 한 작은 은행(Glenview State Bank)에서 내부 감사과를 책임 맡아 일했다. 이 은행의 회장님은 신실한 크리스천으로, 후에 그레이스교회가 교회 건물을 구입할 때 선뜻 은행 융자를 해주셨을 뿐 아니라 은행이 받은 융자 수수료를 교회에 헌금으로 되돌려주신 고마우신 분이다.

그 후에도 나는 14년간 유나이티드 항공사(United Airlines)에서 내부 감사의 일을 하고 2011년에 은퇴했다. 그 덕분에 나는 은퇴 후에도 비행기를 아주 저렴하게 타거나 때로는 공짜로도 탈 수 있게 되었다. 하나님께서 선교의 날개를 달아주신 것이다. 직장생활이 힘들어서 그만두고 싶었던 적도 있었지만 인내하고 견디게 하셔서 이렇게 선교지에 마음대로 다닐 수 있는 혜택을 누리게 되니 하나님의 은혜가 아닐 수 없다.

나를 선교지로 보낸 말씀

기다림과 준비의 기간에 나에게 선교에 대한 마음을 확인시키는 하나님이 주신 말씀들이 있었다. 그중에서도 달란트 비유의 말씀은 지금도 내 마음에 강하게 새겨져 있다. 우리가 많이 듣고 익히 알고 있는 마태복음 25장 14-30절 말씀이다.

보통 달란트는 은사나 재능을 의미하는 것으로 여기지만, 나에게는 이 달란트가 '시간'의 의미로 마음에 새겨지는 순간이 있었다. 2012년

1월이었다. 그때 우리는 하와이 코나(Kona)에 있는 열방대학(University of the Nations)에서 3개월간 훈련을 받은 후, 두 달 동안 중동의 오만(Oman) 지역에 전도 여행으로 가 있었다.

개인 말씀 묵상 시간이었다. 달란트 비유의 말씀을 읽는 중에 이런 깨달음이 왔다. '젊은이에게는 다섯 달란트의 시간이 남아 있고 어떤 사람에게는 두 달란트의 시간이 남아 있는데, 60세가 넘은 나에게는 한 달란트의 시간만이 남아 있구나!' 하는 것이었다. 성경 말씀에 한 달란트 받은 종은 그것을 땅에 묻어 두었다. 그런데 어려서부터 여러 번 들었던 그 말씀을 읽으며, '아, 나에게 남은 한 달란트의 시간이라도 묻어 두지 않고 하나님 나라를 위해 사용하고 싶다.'라는 마음을 하나님께서 주셨다.

남은 한 달란트의 시간을 하나님 나라를 위해 바치겠다는 마음으로 선교지로 가지만, 한편으로는 하나님께 죄송한 마음도 있었다. 더 젊었을 때 나의 삶을 드리지 못하고 은퇴 후까지 기다려서 겨우 인생의 마지막 시간, 마치 쓰다 남은 '자투리' 시간을 드리는 것 같아 죄송했다. 그러나 예수님께서는 오병이어의 기적을 행하신 후에 열두 광주리에 모아 담은 '부스러기'도 요긴하게 사용하셨을 것이라는 생각을 하며 나 자신을 위로했다.

또 다른 말씀은 요한복음 10장 16절의 말씀이다. "또 이 우리(sheep pen)에 들지 아니한 다른 양들이 내게 있어 내가 인도하여야 할 터이니 그들도 내 음성을 듣고 한 무리가 되어 한 목자에게 있으리라"라고 주님이 하신 말씀이다. 이 말씀은 나에게 선교의 당위성으로 다가왔다.

잃어버린 영혼을 주님의 양우리로 인도하기를 소원하시는 하나님의 마음이 나에게 전이되었다고 할까? 나에게도 그러한 소원의 마음을 주신 것이다. 이처럼 하나님은 말씀으로 우리 선교의 발걸음을 견고하게 붙들어 주셨다.

선교를 떠나려고 준비할 때 아무도 모르게 내 마음속에 주저하게 되었던 부분이 한 가지 있었다. 그것은 미국 생활의 편안함이나 새로운 곳에 대한 불안감, 또는 그 외의 어떤 것도 아니었다. 딱 한 가지, 손주들을 자주 보지 못할 것이라는 아쉬운 마음이었다. 그 마음이 나를 주저하게 했다. 당시 우리에게는 여섯 살부터 한 살까지 내리 다섯 명의 손녀, 손자가 있었다. 하루가 다르게 크는 올망졸망한 손주들을 두고 떠나는 것이 마음에 걸렸다. 그런 걸 보고 눈에 밟힌다고 하는 건지….

그러던 어느 날 하나님께서 나에게 이렇게 말씀하시는 것 같았다. "그 아이들한테는 엄마, 아빠가 있지 않니? 그리고 할머니인 네가 아무리 손주들을 사랑한다 해도 내가 그 애들을 더 사랑한단다." 💡 그 후로 나는 아무런 주저 없이 가벼운 마음으로 선교지로 떠날 수 있었다.

왜 중국으로?

아프리카나 중동 등 선교사가 필요한 곳이 많은데 그중에서 우리가 중국을 선교지로 선택한 이유는 우리 마음이 늘 중국을 향해 있었기 때문이라고 말할 수밖에 없다. 우리 교회는 1995년 3월에 중국의 아주 작은 소수민족을 입양했다.

▲ 예쁘게 자라는 손주들

중국에는 주류라고 할 수 있는 한족(汉族) 이외에 55개의 소수민족이 전체 인구의 약 7-8% 정도를 차지한다. 우리가 입양한 종족은 중국 정부가 공식적으로 분류한 B족 중에서 그들과 현저하게 다른 언어를 사용하는 M이라는 작은 종족이다. 그래서 우리 교회는 늘 그 M족의 복음화를 위해 기도하고 여러모로 애써오고 있었다.

우리 부부는 2000년 10월에 그 종족이 사는 시골을 처음으로 방문했다. 미국에서 가려면 14-16시간 동안 비행기를 타고 먼저 중국의 관문

도시인 북경이나 상해, 홍콩에 도착한 다음, 다시 국내 비행기를 타고 서쪽 K성(省)의 성도(省都)로 가야 한다. 거기서 다시 기차나 버스로 M족 마을과 가까운 도시로 가는데, 지금은 고속도로를 달려 버스로 4시간이면 도착하지만, 당시에는 7-8시간이 걸렸다.

그곳에서 M족이 사는 마을까지 가려면 또 차로 40분 정도 걸린다. 그 길도 예전에는 비가 오면 차가 진흙에 빠지기 때문에 우리가 내려서 차를 밀어야 하는 시골길이었지만, 지금은 잘 포장되어 있다. M족은 산이 많은 이 지역에서 15-20가구가 모여 마을을 이루고 산다. 한 마을에서 다른 마을로 가는 길은 20-30분 거리이다.

2000년 이후 우리는 여러 번 단기로 M족 마을을 방문했다. 우리 교회 파송 선교사가 현지 가까운 도시에 거주할 때는 그의 주선으로 M족 학생들이 많이 다니는 중학교에 가서 여름에 일주일 동안 영어 가르치는 일을 2-3년간 하기도 했다. 그 선교사는 학교와 연결하여 가정 형편이 어려운 학생들을 추천받아 장학금을 주기로 하고, 매달 장학금 전달을 위해 학교를 방문할 때 학생들을 만나는 접촉점을 만들었다. 그러자 장학금을 받던 학생 중 여러 명이 선교사를 언니처럼 따르며 복음을 받아들이는 일이 일어났다. 💡 할렐루야!

이처럼 장학금을 통한 사역과 영어를 가르치는 사역이 몇 년간 진행되다가 학교 측에서 더는 오지 말라고 하는 바람에 끊어지고 말았다. 선교의 기회는 언제나 열려있는 것이 아니기에 문이 열렸을 때 최대한 기회를 잡아야 함을 배웠다. 💡

이렇게 M족의 사람들, 학생들을 만나는 과정에서 우리는 중국 소수민족에 대한 마음의 부담이 생겼다. 선교지 사람을 사랑하는 마음은 하나님이 주신다(Lord plants the seeds of compassion). 중국이 시시각각 발전하고 있지만, M족은 첩첩산중에서 우리나라 1950년대 시골을 연상케 하는 환경 가운데 살고 있다. 이들이 이 땅에서도 가난하게 살고 죽어서도 천국의 소망이 없다면 얼마나 불쌍한가? 이들이 복음을 들어야 하지 않을까? 이러한 중국 소수민족에 대한 마음이 우리로 하여금 중국을 선교지로 정하게 했다.

J시로 방향을 바꾸다

우리는 원래 M족이 사는 성으로 가고 싶은 마음이 있었다. 하지만 당시 우리 교회 두 번째 파송 선교사가 그 지역에 가까운 도시에 사셨으므로 우리는 다른 지역의 J시로 가기로 했다. 💡J시를 선택한 또 다른 이유는 그 도시가 소수민족 선교에서 전략적인 곳임을 알게 되었기 때문이었다.

물론 중국에서 소수민족 선교라고 하면, 주위에 다양한 많은 소수민족이 사는 G시를 꼽는다. 실은 우리도 G시로 가려고 그곳을 방문해서 언어를 배울 학교도 찾아가 보고 아파트 형편도 알아보는 등 답사를 했었다. 거의 그곳으로 마음이 쏠려 있을 때, J시에서 8년 동안 사역했던 한 청년 선교사를 만났다. 우리는 그 청년 선교사에게서 J시 외곽 B지역에 소재한 S대학이 소수민족 선교에 전략기지가 될 수 있다는 이야기를 들었다.

중국 내 7개 대학에는 사범대학 장학생 프로그램이 있다고 한다. 이 프로그램은 교사가 되려는 학생들에게 정부가 4년 동안 장학금을 주어 공부를 시키고, 그들이 졸업하면 자기 고향이 있는 성으로 돌아가 10년 동안 교사로 일하게 하는 프로그램이다.

시골 출신으로서 성적은 좋지만 형편이 어려운 가정의 자녀들이 학비를 면제받고, 거기다가 약간의 용돈까지 받으며 공부한다는 것은 특별한 혜택이 아닐 수 없다. 만약 졸업 후에 고향에 돌아가서 교사로 일하지 않으면 그동안 받은 장학금을 다 갚아야 한다고 하니, 그들이 고향으로 돌아가지 않고 그 장학금을 다 물어낸다는 것은 상상할 수 없는 일이다.

또한, 그 대학에서는 소수민족 학생들이 대학 입학에 유리하도록 가산점을 준다고 한다. 그래서 가산점이라는 혜택으로 소수민족 학생들이 입학은 하지만, 교육 환경이 열악하고 교육 수준이 낮은 곳에서 온 학생들이기 때문에 공부를 따라갈 실력이 안 되는 경우가 많다고 한다. 그래서 소수민족 학생들에게는 '예과' 과정이라는 이름으로 입학 후 1년 동안 중국어, 영어, 컴퓨터 등의 교육 후에 정식 1학년 과정이 시작되는 제도도 있다고 한다.

이런 이야기를 들으며, '아, 우리가 J시로 가서 소수민족 학생을 만나서 전도하면 좋겠구나. 그러면 그 학생이 예수 믿고 신앙이 자라서 졸업 후 고향에 돌아가 교사가 되었을 때 그가 가르치는 학생들에게 그리스도의 선한 영향력을 미칠 수 있겠다.'는 그림이 그려졌다. 더구나 G시에는 선교사가 천여 명이 넘는 반면, J시에는 선교사가 20여 가정밖에 되지 않는다고 했다. 우리는 G시로 가려던 방향을 틀어 서슴없이 J시의 외곽 도시로 향했다. 그곳이 우리를 더 필요로 하고, 그곳에 할 일이 더 많기 때문이었다. 💡

세 가지 기도 제목

  선교의 첫발을 디디며 우리의 연약함과 부족함을 절감하지 않을 수 없었다. 내 능력으로 할 수 없다는 것을 너무 잘 알기에 우리는 다음과 같은 기도를 부탁하고 성도들의 기도를 업고 떠났다. 💡 "저희가 중국에 가는 목적은 영혼 구원하여 제자 삼는 것입니다. 이 일에 주의 손이 함께 하셔서 많은 사람이 주께로 돌아오도록 기도해주세요."
  구체적으로는 이렇게 기도를 부탁했다.
  "첫째, 매일 하나님과의 친밀한 교제 속에 거하며 하나님의 음성과 인도하심에 민감하게 반응하고 순종하도록 기도해주세요." 서양 문화와 현대 생활에 익숙해진 우리에게는 어떤 목표가 있으면 그 목표를 위한 계획을 세우는 것이 몸에 배어 있다. 하지만, 우리는 선교지로 떠나면서 의도적으로 사역 계획서를 만들지 않았다. 모든 일에 하나님보다 앞서서 계획을 세우지 않고 하나님의 뜻을 구하며, 하나님이 구체적으로 우리를 통해 할 일을 보여주실 때 순종하기를 소원하는 마음이었다.
  "둘째, 남은 날수를 계수하는 지혜를 주시도록 기도해주세요." 나이 들어 선교지에 가니 우리에게는 남은 날수도 한정되어 있고, 에너지와 건강도 젊은이들에 비해 제한되어 있었다. 이 제한된 시간과 에너지의 자원을 하나님이 우리를 통해서 하기 원하시는 일에 집중해야만 했다. 여러 가지 사역의 기회가 보이거나 어떤 사역에 초청을 받을 때, 우선순위를 결정하는 지혜가 절실히 필요하다고 생각되었다. 💡

"셋째, 하나님께서 예비하신 영혼들을 만나게 해주시고 그들이 구원의 길로 들어서도록 기도해주세요." 만남의 축복은 하나님께서 주시는 것이라고 생각하기 때문이었다.

돕는 손길

선교지로 떠날 때 우리 부부의 나이는 66세, 64세였다. 단기 선교로 '방문'하는 것과 선교지에서 '사는' 선교에는 큰 차이가 있다. 이것을 아시는 하나님께서는 익숙한 곳을 떠나 생소한 곳으로 가는 두 노인의 발걸음에 돕는 손길을 많이 보내 주셨다. 출발하기 전뿐만이 아니라 선교지에서도, 그리고 후방에서도 정말 많은 분이 도와주셨다.

그분들이 우리의 무엇을 보고 도왔겠는가? 단지 하나님 나라의 일을 위해 나간다는 그것 하나만으로 도와주신 것이다. 한분 한분의 돕는 손길을 생각할 때마다 그분들에게 감사할 뿐만 아니라, 세심하게 돌보시는 하나님의 자상하신 은혜에 가슴이 뭉클하다. 그렇다. 선교는 돕는 손길 없이 혼자서 할 수 없다. 선교는 동역의 오케스트라이다. 💡

앞에서 말했던 청년 선교사는 우리가 가는 곳이 본인이 살던 곳이었기 때문에, 우리가 현지에 잘 적응할 수 있도록 여러 가지 생활의 지혜를 자상하게 알려주었다. 습기가 많은 그 지역은 난방 시설이 없어서 바깥보다 실내가 으슬으슬 춥기 때문에 그곳 기후에 잘 적응하려면 따뜻한 내복, 두툼한 수면 양말이 필수라고 했다.

중국, 특히 우리가 가는 지역의 물에는 석회가 많으니 어떤 물을 사 마시는 것이 좋다는 것도 알려주었다. 우리가 중국에서 지내는 동안 남편은 물 길어오는 사람이 되어서, 슈퍼마켓 우물에서 생수를 늘 사다 날랐다. 또한, 간장, 참기름, 달걀 등의 식료품은 어떤 브랜드를 사는 게 좋은지도 알려 주었다. 그는 선교적 측면에서도 소수민족 학생을 만나는 길을 알려주고, 중영(中英) 전자사전도 사 주었다.

우리가 J시로 향하는 데 큰 도움을 주신 또 다른 분은 김 장로님 부부다. 이분들은 우리보다 좀 젊으시지만 그래도 비슷한 연배에 미국에서 오래 사셨기에 서로 통하는 점이 많았다. 하와이 코나 열방대학에서

▲ 16층 우리 아파트에서 보이는 전경

DTS(Discipleship Training School) 기간에 만난 부부인데, 우리보다 1년 먼저 J시에 와 계셨다. 처음에는 우리가 G시를 선교지로 생각하고 있다고 하니, J시에 꼭 한번 다녀가라고 초청하셔서 2012년 4월에 그곳을 방문하고 교제를 나누었었다.

그러다가 1년 후, 우리가 J시로 가게 되자 무척 반가워하시며 공항에서 맞아주셨다. 우리가 아파트를 구하는 동안 숙식을 제공해주셨을 뿐 아니라, 학교 등록을 도와주시는 등 우리가 잘 정착하도록 많은 도움을 주셨다.

이분들은 그들이 아는 중국 자매 웬디를 통해 미리 아파트를 보아 두었다가 우리가 도착했을 때 소개해주어서 우리는 중국에 도착한 지 이틀 만에 아파트를 계약할 수 있었다. 웬디는 몽골 국제대학에서 공부할 때 예수님을 믿게 된 자매인데, 학교에서 만난 크리스천 청년과 결혼하고 고향인 J시에서 살고 있었다.

언어도 통하지 않는 외국에서 집을 구한다는 것은 쉽지 않은 일이다. 그런데 김 장로님과 웬디의 돕는 손길 덕분에 우리는 아무 수고도 하지 않고 마음에 흡족한 좋은 아파트를 구하게 되었다. 침실 두 개, 거실, 화장실, 주방이 있고 엘리베이터가 있는 고층 건물 아파트였는데, 월세가 1,500위안(元), 미화로 약 250달러 정도의 가격이었다. 아파트 바로 옆에는 슈퍼마켓이 있고 학교도 걸어서 15분 정도 거리에 있어서 편리했다. 아파트는 깨끗하고 밝았고, 침대, 소파, 식탁, 세탁기 등 기본적인 가구도 다 갖춰져 있었다. 감사 기도를 드리고 짐을 풀면서 '아, 우리 집, 참 좋구나!'라는 마음이 들었다.

💡 선교란?

- 우리에게 하나님을 향한 꿈과 소원이 있으면 하나님은 언젠가 반드시 이루어주신다.
- 하나님은 하나님 나라의 일을 위해 내가 이 세상에서 사랑하는 것을 내려놓을 수 있는 마음을 주신다.
- 가정 형편이 어려운 학생들에게 장학금을 주는 것은 전도의 좋은 접촉점(point of contact)이 될 수 있다.
- 선교의 기회는 언제나 열려 있는 것이 아니다. 열려 있을 때 최대한 기회를 잡아야 한다.
- 때로는 선임 선교사가 있는 사역지를 피하는 지혜도 필요하다.
- 선교지를 선택할 때는 일꾼을 필요로 하는 곳으로 간다.
- 선교사가 성도들의 기도를 업고 나가는 것은 필수이다.
- 시니어 선교사는 제한된 시간과 에너지를 최우선 순위의 일에 집중하며, 남은 날수를 계수하는 지혜가 필요하다.
- 선교는 동역의 오케스트라이다. 돕는 손길 없이 혼자 할 수 없다.

Chapter 2

한 영혼을 만나다

대학 등록

앞에서 말했듯이 우리는 어떤 구체적인 사역을 정하지 않고 선교지로 떠났다. 물론 언어도 안 되고 현지 사정도 잘 모르니 계획을 세울 수도 없었지만, 그보다도 『하나님을 경험하는 삶』에서 배운 대로 하나님보다 앞서지 않고 하나님의 인도하심을 따르려는 마음이었다. 그래서 우리의 생각이나 계획을 내려놓았다. 그리고 하나님이 할 일을 보여주실 때 순종하기로 했다.

그래서 우리는 우선 언어 공부에 전념했다. 우리가 정착한 B도시는 J시에서 한 시간 정도 떨어진 곳이었다. 그곳의 S대학교에는 외국인을 위한 중국어 교육기관인 국제학원이 있는데, 우리는 그곳에서 중국어를 배우기로 했다. 학생 비자를 받으면 일단 체류 문제가 해결되기 때문이다.

이미 그 학교에 다니고 계신 김 장로님과 함께 학교를 찾아갔다. 국제학원의 사무실 디렉터가 우리의 여권을 보더니, 우리를 위아래로 훑어보고 여권을 다시 들여다보았다. 그 나이에 공부를 따라 갈 수 있겠느냐고 물으며 고개를 갸우뚱했다. 이 말도 물론 김 장로님이 전해주셔서 알게 되었다.

잠시 가슴이 조마조마 했다. 시내에 있는 다른 대학에서는 60세 이상은 학생으로 받지 않는다는 말을 들었기 때문이다. 미국에서는 80세 할머니도 대학에 다니는데…. 눈총을 받아가며 겨우 등록을 하고 1년 치 학비를 지불했다. '휴우.' 이렇게 두 노인이 S대학 학생이 되었다.

그런데 이곳은 9월에 새 학년이 시작되기 때문에, 초급 1반은 9월 학기에만 시작한단다. 3월 학기에 이곳에 온 우리는 할 수 없이 초급 2반에 등록해야 했다. 본의 아니게 월반을 한 것이다. 우리는 이렇게 해서 새까맣게 아무것도 모르는 상태로 초급 2반에 들어가 매주 월요일부터 금요일, 아침 9시부터 12시까지 학교를 다녔다.

교과서는 펴 놓았지만 아무것도 모르는 우리는 초급 2반을 따라갈 수가 없었다. 열심히 집중해서 알아들으려고 애써도 도무지 무슨 말인지

▲ 매일 아침 걸어 다니던 등굣길

알 수가 없었다. 옆에 앉은 남편에게 '지금 어디 하는 것 같다.'고 말해 주고 나면, 어느새 나도 놓치고 다시 헤맸다. 그래서 선생님 말만 듣고 있다 보면, 남편이 지금 어디 하는 거냐고 물어왔다. 완전 엉망, 깜깜이었다. 집에 와서 열심히 복습과 예습을 했지만 헤매기는 마찬가지였다. 그래도 한 달쯤 헤매고 나니 무슨 얘기를 하는지 감이 잡히기 시작했고, 책을 보며 따라갈 수 있게 되었다.

이렇게 죽기 살기로 공부를 따라가면서, 늙은 사람도 새로운 언어를 공부할 수 있다는 것을 보여 주고 싶은 마음이 생겼고, 시간이 갈수록 공부가 재미있어지기 시작했다. 우리는 젊은 학생들에게 본이 되고자 매일 책가방을 짊어지고 하루도 빠짐없이 학교에 출석했다.

국제학원에는 태국, 베트남, 몽고, 카자흐스탄, 아프리카 등 여러 나라에서 온 학생들이 많았다. 이들 대부분은 장학금을 받고 공부하는데, 언어 공부에서 시작해서 석사, 박사 과정까지 장학금을 받고 공부한다. 이들이 훗날 자기 나라에서 중요한 자리에 올라가게 될 때를 내다보고 중국이 이들에게 투자하는 것 같다.

우리처럼 미국에서 온 학생은 모두 전액 학비(full tuition)를 내고 공부한다. 1년 학비가 13,000위안이니 2,000달러가 조금 넘는데, 미국 학비에 비하면 엄청 저렴한 편이다. 일본이나 한국에서 온 유학생들은 대개 교환학생으로 와 있었다. 본국 대학과 S대학 간의 자매결연 등에 따른 교환학생 프로그램이다. S대학 학생들도 한국의 자매결연 대학에 가서 공부하고 오는 것을 보았다.

이모와 엉클 샘

중국 학생들이 우리를 어떻게 부르면 좋겠냐고 물어왔다. 예상하지 못 했던 질문이라 잠깐 망설여졌다. '미세스 김(Mrs. Kim)'이라고 부르게 할까 싶었지만 그건 친근감이 없는 것 같았다. 그렇다고 미국식으로 이름(first name)을 부르라고 할 수도 없고, 중국말로 아주머니인 '아이(阿姨)'라는 호칭은 썩 마음에 다가오지 않았다.

요즘 한국에서는 '이모'라는 호칭을 예전과 좀 다르게 사용하는 것 같기는 하지만, 내게 이모라는 호칭은 어쩐지 친근감이 갔다. 그래서 중국 학생들에게 나는 이모라고 부르고, 남편은 미국 이름을 붙여 엉클 샘(Uncle Sam)으로 부르라고 했다.

일단 학교에 다니기 시작하고 며칠이 지나니, 선교하러 왔는데 뭐라도 해야 하지 않나 하는 생각이 들었다. 아마도 뭔가 해야만 한다는 'Doing'에 젖어 있는 우리의 사고 때문인 것 같다. '이렇게 학교만 다니고 있어도 되는 건가? 어떤 계획을 세우고 무슨 일이든 시작해야 하는 것 아닌가?' 하는 갈등이 왔다.

이런 나에게 어느 날 하나님께서 말씀으로 마음을 잡아주셨다. 빌립보서 1장 6절 말씀이었다. "너희 속에 착한 일을 시작하신 이가 그리스도 예수의 날까지 이루실 줄을 우리가 확신하노라." 이 말씀을 묵상하면서, '이루신다'는 동사의 주어가 "너희 속에 착한 일을 시작하신 이"라는 문법 구조를 보는 순간 깨달음이 왔다.

'내가 무엇을 계획해서 해야 한다는 생각은 내가 주어라고 착각하는 것이구나. 이루신다는 동사의 주어는 하나님이신데….'라는 생각이 나를 일깨웠다. 잃어버린 영혼에 대한 하나님의 마음을 이해하고 중국 사람을 사랑하는 마음을 갖게 된 것은, 하나님이 내 안에서 이미 시작하신 선한 일이라고 생각되었다. 이렇게 선교지에 와 있는 것은 하나님이 주어로 일하시는 '선교 클럽'에 내가 가입한 것이지, 내가 주어인 것은 아니라는 선명한 깨달음이었다.

하나님께서는 그 날 아침, 이렇게 말씀하셨다. "내 딸아, 네가 잃어버린 영혼에 대한 나의 마음을 알고 있으니 기쁘다. 이제 방금 도착한 것도 안다. 염려 말아라. 내가 할 것이다." 하나님이 주어로 일하시는 선교 드라마에서 나는 엑스트라일 뿐이라는 것을 기억하면서, 내가 무언가 해야 한다는 부담감에서 벗어나 하나님께 주파수를 맞추기로 했다. 이렇게 우리의 J시에서의 생활이 시작되었다.

한 영혼

그때 하나님께서 우리에게 한 영혼을 붙여주셨다. 그리고 그 영혼을 전심으로 사랑하는 경험을 하게 해주셨다. 어느 날, S대학에서 소수민족 예과 학생들에게 컴퓨터를 가르치는 주 선생에게서 연락이 왔다. 자기 반 학생들에게 대학 생활을 열심히 하라고 동기의식을 부여했더니, 소수민족 학생 하나가 영어를 배우고 싶다고 자기를 찾아왔다는 것이다. 그러면서 그 학생을 한번 만나 보겠느냐고 물었다. 우리에게는 반가운 소식이 아닐 수 없었다. 식당에서 만나면 어떻겠냐고 하기에, "아니에요. 우리 집으로 데려오세요."라고 했다.

◀▲ 다민이가 처음 우리 집에 왔던 날

    2013년 4월 16일, 주 선생과 같이 온 학생은 S대학교 예과에 다니는 19살 다민이었다. 고향은 학교에서 서너 시간 떨어진 N이라는 작은 도시라고 했다. 다민이의 아버지는 소수민족인 회족이고 어머니는 한족이었다.

    처음에 아버지가 회족이라고 들었을 때, '무슬림이니까 돼지고기를 안 먹겠구나.'라고 생각하고 돼지고기 요리를 안 했다. 그런데 다민이에게 들어보니 자기 집에서는 돼지고기를 먹는다는 것이다. 독실한 무슬림이 아니어서 다행이라는 생각이 들었다. 이런저런 이야기를 나누며 어떤 방면으로 도움이 필요한지를 물었더니 영어회화(speaking)를 연습하고 어휘를 늘리고 싶다고 했다. 그래서 다음 주부터 우리 집으로 오라고 하고, 금요일 오후 3시로 약속을 정했다.

약속을 정해놓고 나니 고민이 생겼다. 무엇으로 어떻게 영어를 가르치면서 선교가 금지된 이곳에서 복음을 전하는 기회를 만들 수 있을까? 며칠 동안 내 머리는 이 고민으로 가득 차 있었다. 학교에 가면서도, 밥을 하면서도 마음속으로 이 생각을 하며 중얼거렸다. "하나님 어떻게 하지요? 무엇으로 공부하지요?" 처음부터 성경책을 꺼내 놓고 영어공부를 하자고 할 수도 없는 노릇이고, 그렇다고 일반 영어 교재로 할 수도 없지 않은가.

영어로 포장된
성경 말씀

그러다가 '잠언 말씀을 사용해서 영어공부를 하면 어떨까?' 하는 착상이 떠올랐다. 지금 생각하면 어떻게 그런 아이디어가 생겼는지 모르겠다. 오직 성령님께서 지혜를 주셔서 생각나게 하신 것이라고밖에 설명할 수 없다. 💡

다음은 잠언 1장 1-3절에서 발췌한 첫날 교재이다. 이 말씀에는 예수라는 단어는 한 마디도 없고 단지 지혜에 대한 기대로 가득 차 있다.
(성경은 영어가 쉽게 읽히는 Good News Translation(GNT) 번역본을 사용했다.)

The Value of Proverbs

"The proverbs of Solomon, son of David and king of Israel. Here are proverbs that will help you recognize wisdom and good advice. ⋯ They can teach you how to live intelligently and how to be honest, just, and fair"(Pr 1:1-3, GNT).

잠언의 목적
"이것은 다윗의 아들 이스라엘 왕 솔로몬의 잠언이다. 이 잠언은 지혜와 훈계를 알게 하며 ⋯ 정의와 공평과 정직을 지혜롭게 실행하도록 훈계를 받게 하며"(잠 1:1-3, 새번역).

2013년 4월 19일 오후 3시, 다민이가 왔다. 지난 일주일을 어떻게 지냈는지 물어보고, 학교 공부와 친구에 대한 이야기를 나눈 후 준비한 공부를 했다. '이 학생이 흥미 있어 해야 할 텐데.' 하던 그때의 조마조마하던 마음이란!

짧은 본문을 놓고, 우선 거기 나오는 단어들을 설명해주었다. 'Proverbs', 'recognize', 'wisdom', 'advice', 'intelligent', 'just', 'fair' 등 단어의 뜻을 설명하고, 그 단어들을 사용해서 문장을 만드는 연습도 하고 관련된 문법도 설명했다. 반대말, 비슷한 말도 준비해 두었다.

또한, 혹시 내가 영어로 하는 설명을 못 알아들을 것을 대비해서 본문에 나오는 영어 단어가 중국어로 무엇인지 미리 사전을 찾아 적어놓고 필요할 때 사용했다. 나의 중국어가 왕초보 수준도 안 되니 이 과정도 복잡했다. 먼저 중국어 단어를 찾은 후 어떻게 발음하는지 병음(pinyin)으로 표기하고, 1, 2, 3, 4를 사용하여 성조를 표시했다. 다 마치고 나서 오늘 공부한 것이 어땠는지를 물어보았다. 이런 방식 말고 다른 방식의 공부를 원하면 그렇게 할 수 있다고 했더니, 오늘 한 방식이 좋다고 했다. '휴우, 안심이네.'

저녁 식사를 했다. 집을 떠나 기숙사 생활을 하는 학생에게 집에서 밥을 해 먹이는 것은 그들의 마음을 훈훈하게 해주는 지름길이다. 돼지고기 요리와 김치를 차려 맛있게 식탁의 교제를 나누었다. 수십 년 교회 생활을 하며 손 대접하는 것이 습관이 된 나에게 밥하는 것은 겁나지도 힘들지도 않다. 선교지에서는 지난날의 어떤 경험도 요긴하게 쓰인다는 생각이 들었다. 💡

다민이의 장래 희망 이야기, 예과를 마치고 본과로 들어가면서 선택할 전공 이야기를 함께 나누었다. 부모님은 다민이가 졸업 후에 안정된 직장인 은행에서 일하기를 원하는데, 자신은 하루 종일 사무실에 앉아 있는 직업은 싫다고 했다. 이야기를 나누느라 9시가 넘어도 갈 생각을 하지 않다가, 10시가 되자 그만 일어나겠다고 했다. 11시에 기숙사 문이 잠기니 가야 한다는 것이었다.

이렇게 해서 첫날의 공부를 무사히 잘 마쳤다. '휴우, 하나님, 감사합니다!' 주말을 지내며 또 고민이었다. 마음속으로 중얼중얼 기도했다. '하나님, 다음 주에는 뭘 하지요?' 처음부터 너무 예수 티 안 나게 해야 하는데….

잠언의 지혜

두 번째 날은 잠언 3장, '젊은이에게 주는 충고'를 다루었다. 3장 본문 중에서 특별히 지혜에 관한 부분에 초점을 맞추어 발췌했다[부록 1 참조]. 단어 설명은 약간 줄이고 주제에 관한 토론 질문(discussion question)을 추가했다. 본문 내용에 대해 질문하고 대답하며 다민이가 얼마나 본문을 이해했는지 영어 실력도 측정하고, 영어로 말하는 기회도 주며 그의 생각을 알아가려는 것이었다.

저녁 준비는 미리 해놓지만, 그래도 먹기 바로 전에 할 일들이 있다. 그래서 내가 음식을 하는 동안에는 주제를 주고 작문을 하게 했다. '지혜를 갖기를 원하는가? 지혜로운 사람이 되고 싶은가? 그 이유는 무엇인가?(Do you want to have wisdom? Do you want to be a wise person? Why?)'라는 주제였다. 지혜를 마다할 사람이 어디 있겠는가. 다 쓰고 난 후에는 잘못된 표현을 고쳐주고 작문 제목과 내용에 관해서 이야기했다. 그날 진행된 내용에 대한 반응은 대단히 호의적이었다.

저녁을 먹고 우리는 여러 가지 이야기를 나누었다. 다민이의 친할머니는 기자이셨고 아버지는 정신과 의사이며, 어머니도 병원에서 여러 가지 검사를 담당하는 의사라고 했다. 한 가정에 한 아이밖에 가질 수 없는 중국이니 친형제는 없었다. 대신 아버지 쪽으로 큰아버지 여섯 분이 계시는데, 사촌들을 모두 '형제(brother)'로 부른다고 한다. 중국 학생들은 사촌을 모두 형, 동생, 누나라고 부른다는 것을 나중에 알게 되었다.

그날도 다민이는 밤 10시에 돌아갔다. 그를 보내고 나서 좋은 시간을

◀▲ 우리들의 금요일 저녁 식탁

가진 것에 대해 감사의 기도를 드렸다. 그리고 일주일 내내 '다음에는 어떤 말씀으로 마음 문을 두드릴까? 어떻게 예수님을 소개할까? 무슨 맛있는 음식을 해줄까?' 하는 생각으로 지냈다.

한 발짝씩 다가선
복음

세 번째 공부는 잠언 4장에서 '지혜가 주는 이익'에 관한 내용을 다루었다[부록 1 참조]. 여기에 덧붙여 잠언 9장 10절, "여호와를 경외하는 것이 지혜의 근본이요 거룩하신 자를 아는 것이 명철이니라"는 말씀을 소개했다.

이 말씀에서 솔로몬은 지혜의 시작이 하나님을 경외하는 것이라고 했다. 그렇다면 경외한다는 것은 무엇인가? 경외는 공포심을 갖는 것이 아니라, 하나님에 대해 존경심과 경외심('awe', 'respect', 'reverence')을 갖는 것이라고 이야기해주었다. 우리가 어떤 사람이나 신에게 이런 경외심과 존경심을 가질 때, 그 사람을 더 알고 싶어 하는 마음이 생긴다.

솔로몬은 그 거룩하신 분을 '아는 것'이 바로 명철(understanding)을 얻는 것이라고 했다. 여기서 영어로 'insight'와 'understanding'이라는 단어는 서로 바꿔가며 사용되고 있고, 여호와(LORD)와 하나님(the Holy One)도 같은 분을 지칭한다. 나는 이것을 설명하면서 자연스럽게 하나님을 소개했다. '그렇다면 그 하나님은 어떤 분일까? 하나님은 거룩하신 분이고, 우리를 창조하신 창조주이시다. 우리의 인생은 결국 죽음에 이르지만(mortal), 하나님은 영원하신 분(God is eternal)이시다.'라는 것을 간단히 설명했다.

우리는 이 세상에 살면서 알아야 할 것, 공부해야 할 것이 많다. 그렇기에 우리는 학교에 다니고 공부를 하고 성공하기를 원한다. 그러나 솔로몬은 행복하고 형통한 삶을 살기 위해서는 하나님을 아는 것이 가장 중요한 일이라고 한다. 그렇다면 하나님을 아는 것은 무엇일까? 그것은 하나님과 개인적인 관계(personal relationship)를 맺는 것이며, 단지 종교를 갖는 것이 아니다. 나는 이렇게 설명해주었다. 마치 우리가 친구를 사귈 때 그의 기호와 성품을 알려고 노력하면서 관계를 성립해나가고 관계가 좋아지는 것처럼, 우리도 하나님을 알기 위해서는 그분과의 관계를 이루어나가야 한다는 것을 이야기했다.

이렇게 설명해준 후에 "너도 지혜와 명철을 얻기 위해 하나님을 알기를 원하니? 하나님과 개인적인 관계를 가지고 싶으니?(Do you want to have a personal relationship with God?)"라고 질문을 던졌다. 그랬더니, 다민이가 "Yes!"라고 대답하는 것이었다. 할렐루야! 이제 복음을 제시할 준비가 되었다!!

나는 대화 중에도 본문에 나오는 단어들의 의미를 설명하고 중국어 단어도 알려주면서 본문인 성경 말씀을 잘 이해하도록 도왔다. 이어지는 작문의 주제는 '하나님을 아는 것, 하나님과 개인적인 관계를 갖는 것이 어떤 의미라고 생각하는가?'에 대해 쓰는 것이었다.

잠언 1장에서 시작해서 여기까지 이끌어 온 논리적 전개가 신학적으로 올바른 것인지 나는 모른다. 허술한 구멍도 있을 것이다. 그러나 이런 방법으로 조심스럽게 한 발짝, 한 발짝 다민이의 마음속으로 다가갈 수 있었던 것은 너무도 놀라운 일이었다. 같이 공부하는 동안 나는 입으로는 설명해주며 말하고 있었지만, 마음으로는 계속 기도했다. "하나님, 도와주세요. 제가 무슨 말로 설명해야 할지 도와주세요. 다민이가 이해하게 도와주시고, 마음에 받아들이도록 도와주세요."

교재를 가지고 하는 성경공부가 아니니, 어떤 때는 내가 제대로 가고 있나 싶은 생각도 들고, 다음에는 어떻게 전개해야 하나 막막하기도 했다. 이처럼 여러 부분에서 자신이 없었지만 한 가지 확신하고 안심했던 것은 내가 성경 말씀에 있는 이야기를 한다는 것이었다.

한 영혼이 잉태되다

두렵고 떨리는 마음으로 그다음 주를 준비했다. 이제 복음을 제시할 단계에 왔는데 어떻게 해야 할지 구체적인 방법이 떠오르지 않았다. 미국에서 교회에 다니며 성경공부 할 때 '다리 예화'로 복음 전하는 방법도 배웠고, DTS에서 관련 성경 말씀을 순서대로 읽어가며 복음을 전하고 예수님을 영접하는 기도를 돕는 것도 배웠었다. 하지만 성경책을 들이대고 말씀을 읽으면 거부 반응이 있지 않을까 하는 마음도 들고, 다리 예화로 하는 복음 제시는 당장 가지고 있는 자료가 없었다. 이론을 배우기는 했지만 실전에서 사용해보지 않았기에, 때가 왔지만 자신이 없고 두려웠다.

어떻게 할까 고민하다가 인터넷에서 복음 제시 방법에 대해 검색해보았다. 이런저런 검색 끝에 한 웹사이트(www.everystudent.com)에서 'Knowing God Personally'로 들어가니, 아주 잘 설명된 사영리(Four Spiritual Laws) 자료가 있었다. 인터넷의 위력과 도움이 정말 고마웠다! 💡 그래서 나는 사영리를 복음 제시의 자료로 사용하기로 했다[부록 2 참조].

나는 이 네 가지 영적 원리를 프린트해놓고 그다음 주에 다민이가 왔을 때 그 원리를 하나씩 같이 읽으며 단어와 개념을 하나씩 설명했다.

제1원리 – 하나님은 우리를 창조하셨고, 우리를 사랑하신다. 얼마나 사랑하시는가? 독생자 예수를 주시기까지 사랑하신다. 우리가 예수님을 믿어 영원히 그분과 함께 하기를 원하신다.

제2원리 – 그런데 우리가 모두 죄를 지었기 때문에 그 죄가 우리를 하나님으로부터 분리시켰다. 우리는 하나님에게 가까이 가기 위해 여러 가지 노력을 하지만, 우리의 노력으로는 거룩하신 하나님께 다다를 수가 없다.

제3원리 – 예수님만이 우리의 죄 문제를 해결할 수 있는 유일한 길이다. 예수님을 통해 우리는 하나님의 사랑을 경험할 수 있다.

이 부분에 이르니, 다민이가 뒷부분은 기숙사에 가져가서 읽어보고 단어도 미리 찾아보고서 다음에 하면 어떻겠냐고 했다. 나는 그러자고 하면서도 속으로 혹시 예수님 이야기가 나오니까 듣기 싫어서 거부 반응을 하는 것이 아닐까 싶었다. 그날 공부는 그렇게 끝냈다. '다음 금요일에 다민이가 혹시 안 오면 어떻게 하지?' 하는 염려가 되었다. 나는 다음 주에 다민이에게 제4원리까지 잘 설명해줄 수 있기를, 또 다민이도 마음에 잘 받아들이기를 기도하며 일주일을 지냈다.

네 번째 금요일은 2013년 5월 24일이었다. 다민이는 오후 3시에 어김없이 밝은 얼굴로 왔다. '휴우.' 나는 안도의 숨을 쉬고 마음속으로 기도하며 제3원리와 제4원리를 같이 읽어가며 설명했다. 제4원리에는 두 가지 그림이 나온다. 하나는 나의 삶이라는 원 중심에 내가 있고 예수님은 원 밖에 계시는 그림이다. 또 다른 하나는 예수님이 내 삶의 중심에 주인으로 계시는 그림이다.

나는 다민이에게 어떤 그림이 현재 너의 삶을 나타내는 것 같으냐고 물었다. 다민이는 자신은 1번에서 2번 그림으로 가는 상태인 것 같다고 대답했다. 그러면 예수님이 주인이 되시는 삶을 원하느냐고 물으니 원한다고 했다. 그리고 예수님을 마음에 모시는 영접 기도를 했다.

너무도 놀랍고 감격스러운 순간이었다. 모태신앙으로 지금까지 예수를 믿었지만, 부끄럽게도 한 사람도 전도해보지 못한 나에게 하나님은 이런 감격스러운 순간을 경험하게 하셨다. 나는 믿을 수 없을 정도로 어안이 벙벙했다. 이렇게 한 영혼이 잉태되었다!

영적 갈등

다민이가 예수님을 영접한 다음 날 아침 날씨는 흐리고 안개가 자욱했다. 내 마음은 기쁘면서도 뭔가 찌뿌듯하고 무거웠다. 하루 종일 다민이 생각으로 지냈다. 그의 마음은 어떨까?

주일 아침에 평소처럼 한인교회에 가서 예배를 드렸다. 새로운 생명에 대한 감사 기도를 드리고 다민이를 생각하는데 자꾸 눈물이 났다. 그리고 이런 기도가 나왔다. "하나님, 이 세상에서 혹 실수로, 미숙한 중에 아기를 가졌을지라도 그 아이는 생명이지요? (나는 미혼녀의 임신을 생각했다.) 하나님, 제가 미숙해서 충분히 준비되지 않은 상태로 누군가에게 예수님을 영접시켰다고 해도, 무언가 잘못했다고 해도 새 생명은 맞지요? 하나님, 다민이의 마음에 새 생명이 잉태되었는데, 이제 열 달을 잘 키워서 새 생명으로 태어나게 도와주세요."

입덧을 심하게 하는 임산부가 머리에 떠올랐다. 아무것도 먹을 수 없을 만큼 입덧을 해도, 산모는 자신의 영양에 신경을 써서 태아에게 영양을 잘 공급해야 한다는 생각이 들었다. 그렇다. 내가 영적으로 충만해야 새 생명에게 좋은 것을 공급할 수 있으니 나 자신이 하나님과 더 가까워지고 성령 충만해야 하겠다고 다짐했다. 💡

화요일, 다민이에게서 문자가 왔다. "이모, 미안해요. 기말고사가 다 가오는데, 선생님이 과제를 많이 줘서 얼마 동안 못 갈 것 같아요. 미안해요. 그런데 지난번에 놓고 갔던 자료를 가지러 가도 되나요?" 다민이의 문자를 보고 이런 생각이 들었다. 왜 미안하다는 말을 두 번이나 할까? 나를 피하려는 것일까? 그래서 다민이가 왔을 때 물어보았다. "지난 금요일에 네가 예수님을 영접했는데, 네 마음이 어떠니?"

그랬더니 다민이는 고민스러운 표정으로, 예수님을 영접한 다음 날 밤 꿈에 돌아가신 회족 할머니가 나타나셨다고 했다. 자기가 고등학교 때 심한 병을 앓았는데, 그때 아버지가 아들을 살려주면 독실한 무슬림이 되겠다고 서원 기도를 했다고 한다. 아버지가 그때 생전 처음 우셨다는 것을 어머니에게 들었다고 했다. 그러면서 자기가 사랑하는 아버지의 종교인 이슬람도 존중하고 싶고, 동시에 기독교인인 이모와 엉클 샘도 잃고 싶지 않다는 것이다. 자신이 회족으로 태어나지 않았더라면 이런 종교적 갈등이 없을 것이라며 힘들어했다.

그 얘기를 들으면서 지난 며칠 동안 왜 내 마음이 무거웠고, 주일 아침에 그렇게 눈물이 났는지 알 것 같았다. 그의 말을 들으며 마음이 아팠다. 나는 이렇게 말했다. "알았다. 이해한다. 어찌 되었든지 우리는 너를 사랑하니 계속 우리 집에 와라." 나는 그를 안아주고 같이 저녁 식사를 하고 보냈다. '아, 이것이 바로 영적 싸움이구나.' 💡

지속적인 관심

'이제 어떻게 하지? 예수님을 믿기 어렵다고 갈등하는 다민이의 예수님 영접은 어떻게 되는 거지? 이 학생을 여기서 포기해야 하는 건가?' 여러 가지 생각이 들었지만, 우리 부부는 지속적인 사랑과 관심을 표시하기로 했다. 다민이는 시험 기간이라 공부 때문에 못 오는데, 나는 자나 깨나 다민이 생각이었다.

"공부 열심히 하고 있니?"라고 문자를 보내고, 시험이 있다고 하면 "기도해줄게. 오늘 시험 잘 봤어?" 하고 문자를 보냈다. 또, "내일 점심 같이 먹을까?" 하고 문자를 보내며 연락을 계속했다. 이렇게 다민이에 대한 나의 관심은 스토킹(stalking)의 수준이 아닐까 염려될 정도였다.

마지막 시험이 끝난 날, 다민이는 시험 잘 봤다고 먼저 문자를 보내왔다. "시험 끝났어요. 잘 본 것 같아요. 기도해줘서 고마워요." 자기를 위해 기도해주는 것을 알고 고마워하는 것이 반가웠다. 이렇게 먼저 문자가 오면 나는 정말 신나고 기뻤다. 내가 일방적인 스토킹 수준은 아니었다는 것도 증명되었다.

6월 말에 학기가 끝나면 다민이는 여름방학이 되어 고향에 간다. 나는 다민이에게 "지난번에 네가 예수님을 마음에 모셨는데, 그걸 인정하니?" 하고 물었다. 다민이는 인정한다고 대답했다. 안심되었다. "그래, 예수님을 영접했다는 건, 네가 하나님의 자녀가 됐다는 뜻이야. 그러니 너는 하나님의 아들 자격으로 하나님께 기도할 수 있어." 나는 그에게 간단히 기도하는 법을 가르쳐 주었다.

우리는 어린 아기를 앉혀 놓고 한 시간씩 무얼 가르치지 않는다. 어린 아기에게는 놀다가, 걷다가, 순간의 학습 기회(teachable moment)를 포착 💡 해서 잠깐씩 가르치는 것이다. 나는 다민이에게도 기회 있을 때마다 조금씩 가르치기로 했다.

우리는 미국이나 한국에서 기독교 문화 속에서 자랐고 늘 보아왔기 때문에 알게 모르게 신앙과 기독교 문화에 젖어 익숙해 있다. 그러나 중국에서 자라며 주위에서 예수 믿는 사람을 보지 못한 이들에게는 모든 것이 생소할 수밖에 없다. 흰 도화지같이 아무것도 그려져 있지 않은 그 마음에 무엇을 어떻게 알려줘야 하나? 알려줄 것도 너무 많고 그렇다고 너무 세밀한 부분까지 복잡하게 한꺼번에 가르칠 수도 없었다.

기도는 이런 것이라고 간단히 설명해주었다. 기도는 하나님 앞에 나아가서 하나님께 이야기하는 것이다. 기도할 때는 세 가지만 기억하면 되는데, 첫 번째는 먼저 하나님을 부르는 것이다. 우리가 누구와 이야기하려면 먼저 그 사람을 부르는 것처럼, 우리가 기도하는 대상은 하나님이기 때문에 먼저 하나님을 부른다. '주님(Lord)', '아버지(Father)', '하나님(God)' 등 여러 가지 명칭으로 부를 수 있다. 여기에 하나님의 속성을 표현하는 형용사를 붙일 수 있다. 예를 들어, '사랑의 하나님', '전능하신 주님', '하늘에 계신 아버지' 등이다.

마지막 세 번째 부분은 어떻게 기도를 마치느냐는 것인데, 기도를 마칠 때는 "예수님의 이름으로 기도합니다(In Jesus' name we pray, 奉耶穌的名祷告)."라고 마쳐야 한다. 우리가 예수님을 믿음으로 하나님 나라의 가족이 되었기에 예수님의 이름을 가지고 하나님 앞에 나아갈 수 있다. 그것은 마치 높은 사람을 찾아갈 때 어떤 분의 소개 명함을 가지고 가는 것과 비슷하다.

두 번째 부분은 첫 번째와 세 번째의 중간에 들어가는 내용인데, 여기에는 우리가 말하고 싶은 내용을 무엇이든지 집어넣으면 된다. 마음에 있는 아무 말이나 할 수 있지만 지침(guideline)을 준다면, 다음과 같은 내용을 말하면 좋다. 먼저 하나님을 찬양(Adoration-A)하고, 우리가 잘못한 것을 고백(Confession-C)하며 용서를 구하고, 하나님께 감사(Thanksgiving-T)를 드리고, 나 자신이나 다른 사람을 위한 간구(Supplication-S)를 하는 것이다. 하지만 이 네 가지 내용을 매번 다 말하지 않아도 된다. 나는 감사와 간구의 기도 내용을 예로 들며 어린아이가 아빠에게 이야기하듯이 기도하면 된다고 말해주었다.

한 영혼을 향한 사랑

6월 23일, 주일이 되었다. 다음날에 다민이는 집으로 돌아가야 했다. 우리는 그날 저녁에 함께 외식하면서 이야기를 나누고 즐거운 시간을 보냈다. 대학 생활 첫 학기를 마치며 인상에 남는 세 가지를 얘기해보라고 하니, 집을 떠나 독립적으로 생활할 수 있다는 자신감을 가진 것과 좋은 친구들을 만난 것, 그리고 우리를 만난 것을 꼽았다. 우리는 집에 돌아와서 '당신은 소중한 사람'이라는 찬양을 같이 부르고, 다민이의 손을 잡고 기도해주었다.

"하나님, 우리가 어떻게 이렇게 만나게 되었는지 우리는 모릅니다. 그러나 다민이가 하나님께서 택하신 사람인 줄 믿습니다. 그에게 성령의 영이 계시하시고 지혜를 주셔서 하나님을 알게 해주옵소서. 하나님, 다민이의 마음을 더 활짝 열어주시기를 기도합니다. 그래서 그가 하나님의 빛을, 그리스도의 소망을 보기를 원합니다. 하나님의 자녀에게 약속하신 축복을 보기 원합니다." 나는 이렇게 에베소서 1장 17절 말씀, "우리 주 예수 그리스도의 하나님, 영광의 아버지께서 지혜와 계시의 영을 너희에게 주사 하나님을 알게 하시고"의 말씀을 바탕으로 기도를 드리고 그를 보냈다.

몇 달 동안 다민이라는 한 영혼을 향한 나의 마음은 이랬다. 그를 위해 매일 기도하고, 마음 졸이고, 예수님을 영접시키고, 같이 밥 먹고, 얘기하고, 혹시나 그의 마음이 바뀔까 조마조마해 하고, 하나님께 부탁하고, 맡기고, 눈물 흘리고, 보고 싶어 하고, 궁금해하고, 무슨 반찬을 해줄까 곰곰이 생각하고, 정성껏 음식을 만들어주고, 무얼 잘 먹나 살피고, 다음 진도는 어떻게 나갈지 예수님에 대해 무슨 말을 해줄지 고민하고, 연락이 없으면 진도를 너무 빨리 나가서 거부하는 마음이 들었나 마음 졸이고…. 나는 다민이를 통해 '한 영혼을 사랑한다는 것이 이런 것이구나.' 하고 알게 되었다. 그러면서 온전히 하나님만 의지하게 되는 것을 경험했다.

처음 다민이를 대할 때는, 그는 아무것도 모르고 있는데 내가 그에게 예수님을 전하려는 목적을 가지고 접근하는 것에 대해, 내가 그를 내 목적에 이용하는 게 아닌가 하는 생각도 잠시 들었다. 그러나 지금은 그런 생각이 전혀 들지 않는다. 왜냐하면, 진정으로 그를 사랑하게 되었기 때문이다. 다민이가 우리를 통해 하나님의 사랑을 느끼고 알게 되기를 원하는 가운데 이렇게 한 영혼과의 사랑 이야기가 시작되었고, 하나님의 인도하심 가운데 일단락되었다.

한인 교회

다민이가 고향으로 가고 2주 후에 여름방학이 시작되면 우리도 미국에 다녀오기로 했다. 우리가 B시에 사는 동안 우리는 J시의 한인 교회에 다녔다. 주일 아침 9시면 집에서 나와서 요금이 2위안(약 30센트)인 마을버스 같은 작은 버스를 타고 고속버스 정류장으로 갔다. 거기서 큰 버스로 갈아타고 약 50분 정도 가면 교회에 도착했다. 우리는 11시 예배를 드렸는데, 예배 후 점심을 먹고 돌아오는 오후에는 그 큰 버스가 만석이 되어 우리 정거장을 그냥 지나가 버리곤 했다. 그래서 우리는 할 수 없이 몇 정거장 떨어진 종점으로 가야 했는데, 거기에도 사람이 많아서 버스 두서너 대는 보낸 후에야 탈 수 있었다.

그러다 보니 집에 오면 보통 오후 4시나 5시가 되었다. 일주일 동안 학교에 다니고 학생들을 만나며 바쁘게 지내다가 주일이면 이렇게 온 종일 걸려서 예배에 참석하지만, 조금도 시간이 아깝다고 느껴본 적은 없었다. 광야 같은 생활에서 주일은 영적으로 소생하는 시간이기 때문이었다. 하나님 앞에 나와 찬양을 드리고 기도하며 말씀을 듣는 주일예배가 그렇게 소중할 수가 없었다. 설교 말씀을 들으며 나의 기도제목의 응답을 찾고, 이곳에 와서 하는 일에 대해 새 힘을 얻곤 했다. 더구나 이 교회가 선교적인 교회였기에 우리에게 정말 많은 은혜가 되었다.

이 교회는 매년 여름이면 학생들과 어른들이 한 팀이 되어 소수민족의 지역으로 단기 선교를 나가는데, 온 교인이 몇 주간 집회와 훈련에 참여한다. 목사님의 권유로 우리도 한 소수민족을 방문하는 팀에 참여했다. 5주간의 훈련 과정에서 마지막 금, 토, 일, 사흘은 한국에서 오신 목사님의 강의를 듣는 일정이었다.

나는 학교에 다니느라 시간도 부족하고 단기 선교 여행에 직접적인 도움이 될 것 같지 않다는 생각으로 토요일 강의를 피할 궁리를 하고 있었다. 주일에 교회에 가는 데도 온종일 시간을 내야 하는데 토요일까지 가는 것은 무리라는 생각이 들었다.

훈련 기간에 우리 팀은 성령의 능력을 사모하는 기도를 하고 있었다. 윌리엄 보든(William Borden) 선교사의 이야기인 『남김없이, 후퇴 없이, 후회 없이』(No Reserves, No Retreats, No Regrets)란 책은 훈련 과정에 포함되어 있는 필독서였다. 그 책을 읽던 중 이런 구절을 대했다. "절대적이고 온전한 순종, 매일의 삶에 적용되는 순종, 작은 것에도 적용되는 순종, 이런 순종이 바로 능력을 얻기 위한 비결입니다."

이때 성령님께서 내 마음에 이렇게 말씀하셨다. '네가 어떤 능력을 얻기 원하느냐? 순종해라.' 그때 나는 토요일 강의에 참석하는 일이 생각났다. "하나님, 저는 정말 토요일 강의에 참석하고 싶지 않습니다. 그러나 순종하는 마음으로 참석하겠습니다." 나는 하나님께 이렇게 말하고 토요일에 교회로 갔다.

그날은 화씨 100도(섭씨 38도)가 넘는 날씨였다. 버스에서 내려 걸어가는 길에 만난 어떤 선교사 사모가 나를 보더니, 더위 먹으신 것 같다며 약을 주었다. 그날 저녁은 집에 와서 방을 어둡게 하고 수박 한 통과 오이를 통째로 먹고 쉬었다.

버스에서 전한 복음

다음날인 주일 아침에 교회에 가는 고속버스를 탔다. 평소에는 보통 두 사람이 앉는 자리에 남편과 같이 앉는데, 그날은 자리가 없었다. 우리는 버스 맨 뒤로 가서 남편은 뒤에서 둘째 줄의 남은 한 좌석에, 나는 맨 뒷좌석의 여섯 명이 나란히 앉는 곳에 끼어 앉았다.

그런데 옆에 앉아 있던 대학생 두 명이 호감 어린 시선으로 나를 보며 어디서 왔느냐고 물었다. 그 남학생은 지금 여자 친구하고 시내로 놀러

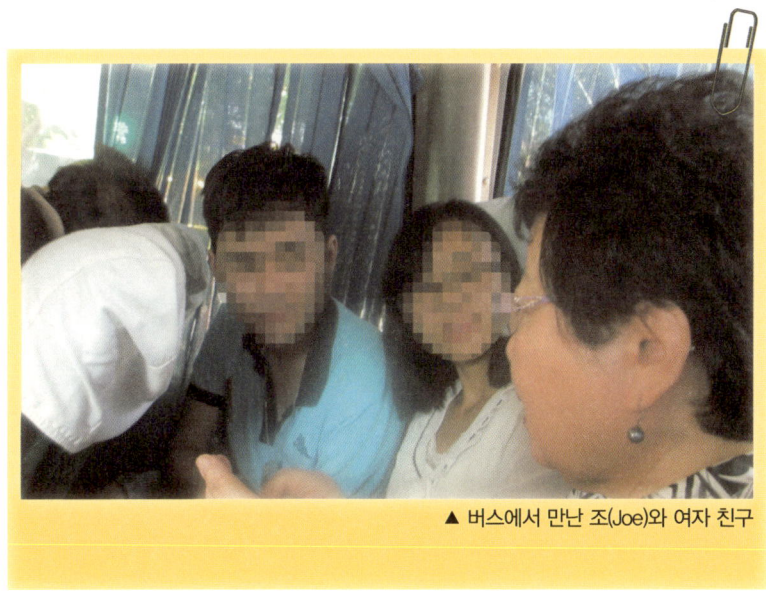

▲ 버스에서 만난 조(Joe)와 여자 친구

가는 길이라고 했다. 영어를 곧잘 하기에 무슨 공부를 하느냐, 어느 대학에 다니느냐, 어디서 영어를 배웠느냐고 물으며 대화를 나누었다.

이런저런 대화 중에 갑자기 이 질문을 하고 싶은 마음이 들었다. "혹시 예수님에 대해서 들어봤니?(你听过耶稣吗?)" 그랬더니 들어봤다는 대답이 왔다. 나는 다시 "그럼 너는 예수님을 믿니?(你信耶稣吗?)"라고 물었다. 그랬더니 어떻게 믿는 건지 모른다고 대답하는 것이었다. 아니, 이럴 수가!

"그래? 그럼 어떻게 믿는지 내가 얘기해줄까?" 했더니 설명을 해달라고 했다. 나는 영어와 어설픈 중국어를 섞어 말하며 버스에서 복음을 전했다. 그러고 나서 "예수님을 마음에 영접하고 싶으니?" 했더니 어떻게 영접하느냐고 묻는 것이었다. 그래서 나를 따라 기도하면 된다고 하고, 그 자리에서 예수님을 영접하는 기도를 드렸다. 추수할 밭이 희어졌다는 이야기는 성경에서 많이 읽어보고 들어보았지만, 이렇게 경험하기는 처음이었다.

"네가 예수님의 자녀가 되어서 정말 기쁘다."라고 했더니, 자기도 지금 마음이 기쁘다면서 예수님을 믿으면 이 세상을 사는 데 문제가 다 없어지냐고 물었다. 그래서 "그렇지는 않아. 그러나 예수님이 동행하시면 그 문제들을 극복할 힘을 주시고 마음의 평안을 주신단다."라고 말해주었다.

내가 "이제 너는 영적으로 새로 태어난 아기니까 성경 말씀을 읽고 자라나야 한다."라고 했더니 자기에게 성경이 있다는 것이었다. 나는 놀라서 성경이 어디서 났느냐고 했더니, 인터넷에서 샀는데 읽어도 무슨 뜻인지 알 수가 없다고 했다. 이사야서를 읽고 있던 에티오피아의 내시가 생각났다(행 8:26-39).

가슴이 뛰는 놀라운 일이었다! 상상조차 해보지 못한, 내 일생에 처음 있는 일이었다. 익숙한 한국말이나 영어로도 전도해보지 못한 내가, 서툰 중국어와 영어로 짧은 시간에 복음을 제시했다는 것은 나의 능력 밖의 일이었다. 그러나 나는 안다. 성령님의 말씀에 순종했을 때, 잃어버린 영혼을 양우리에 들어오게 하려는 나의 소원을 하나님께서 이루어주신 것을. 더위를 먹어가면서 하고 싶지 않은 일에 순종했을 때, 하나님은 내 힘으로 할 수 없는 내 능력 밖의 일을 하게 해주셨다는 것을. 💡

그 학생은 내가 사는 곳에서 한 시간 떨어진 곳에 살면서 그곳에서 학교에 다닌다. 그의 생활 반경으로는 그 버스를 탈 일이 전혀 없었다. 그런데 그날 마침 시내로 놀러 가는데 어떤 길로 가야 할지 몰라서 우리 동네에 와서 시내로 나가는 버스를 탔다는 것이다. 사실은 조(Joe)가 사는 곳에서 시내로 가는 더 짧은 길이 있었다는 것을 나중에 알게 되었다. 어떻게 이렇게 우연히 만날 수가 있었을까? 또, 버스가 만석이 아니었다면 우리는 보통 앞자리에 앉으니, 맨 뒤에 앉아 있는 그 학생을 만날 일은 없었다.

나는 그 학생이 사는 도시에 가정교회가 있는지 찾아서 알려주겠다고 하고, 어떻게 기도해야 하는지를 가르쳐 준 후에 버스에서 내렸다. 지난 몇 달 동안 한 영혼을 붙들고 눈물로 기도하고 정성을 쏟은 것을 하나님이 아시고, 이번에는 이렇게 마음이 이미 활짝 열린 영혼을 만나게 해주셨다. 이처럼 우리를 위로하시고 힘을 주신 하나님을 두 손 들어 찬양한다.

새삼 깨닫는 감사

　7월 25일, 우리는 방학을 맞아 기쁜 마음을 안고 미국으로 돌아왔다. 외국에 나갔다가 돌아오면 늘 느끼는 일이지만, 미국에 들어오며 가장 먼저 떠오르는 생각은 맑은 공기와 푸른 하늘에 대한 감사이다. 공원과 거리의 넉넉한 공간이나 음식도 감사하다.

　중국에서 우리가 살던 곳의 소고기는 질겨서 입맛에 맞지 않았다. 그래서 미국에 오면 우리는 평소에는 안 찾던 불고기를 꼭 한 번씩 찾아 맛있게 먹는다. 남편은 미국에 들어오면 맥도날드의 바삭바삭한 감자튀김을 꼭 찾는다. 시니어 커피(Senior coffee)와 함께. 이것도 중국에서 먹는 것과는 그 맛이 다르다.

　집에 와서 가장 감사한 일은 나의 영혼을 푹 적셔주는 분위기다. 무디(Moody) 라디오 방송을 켜면 하루 종일 찬양이 흘러나온다. 성경 말씀과 설교 메시지도 풍성하다. 마치 풍성한 뷔페식당에 온 느낌이다. 찬양과 말씀의 잔칫상으로, 선택의 여지도 너무 많다. 미국에서 살 때는 그 풍성함에 대해 고마움을 몰랐다.

　모교회(home church)가 있다는 것도 감사하다. 주일 아침 예배에서 다 같이 목소리 높여 찬송가를 부를 때 큰 감동이 온다. 신앙의 공동체에 속해 있다는 기쁨과 감사다. 없어 봐야 있는 것이 더 감사하다. 신앙의 자유가 있는 이곳에서는 선교지에서 삶의 저변에 깔려 있던 긴장감이 풀어지고, 아버지 품에 편안히 안긴 느낌이 든다. 정말 천국 같은 곳이라는 생각이 든다.

> 💡 **선교란?**
>
> - 어찌해야 좋을지 모를 때 성령님이 아이디어를 주신다.
> - 선교지에서는 지난날의 어떤 경험도 요긴하게 쓰인다.
> - 인터넷상의 정보가 선교에 큰 도움을 줄 수 있다.
> - 전도자 자신이 영적으로 충만해야 피전도자인 새 생명에게 좋은 것을 공급할 수 있다.
> - 한 영혼을 예수님께로 이끄는 일은 영적 싸움이다.
> - 순간의 학습 기회를 포착해서 조금씩 신앙 교육을 하는 것도 좋은 방법이다.
> - 성령님이 말씀하시는 것에 순종할 때 하나님은 우리 능력 밖의 일을 하게 해주신다.

Chapter 3

복음의 씨앗을 뿌리다

두 번째 학기

두 번째 학기가 시작되어 J시로 돌아와 밤늦게 아파트에 들어오니 그동안 전기가 나갔던 모양인지 냉장고가 꺼져 있었다. 냉장고 청소를 하고 짐을 풀었다. 다음날 다민이에게 연락했더니 1학년 학생 전체가 일주일 동안 군사 훈련을 한단다. 밤에 캠퍼스에 찾아가 잠깐 만났다.

그다음 주에 다민이가 우리 집에 왔을 때 나는 이렇게 제안했다. "혹시 네 마음에 기독교에 대해 어떤 주저함이 있거나, 이슬람 사이에서 어떤 갈등이 있다면 네가 어떤 것을 믿을 것인지 스스로 결정해도 좋다. 그런데 기독교가 무엇이며 예수님이 누구신지 더 알아야 네가 판단해서 선택할 수 있지 않겠니? 그러려면 같이 성경을 공부하면서 예수님에 대해 알면 어떻겠니?" 그랬더니 잠언 공부는 괜찮지만, 종교는 싫다는 것이었다.

보통 여학생보다 남학생 전도가 더 힘들고, 중국 한족보다 소수민족 전도가 더 힘들다고 말하는데, 다민이는 소수민족 남학생이다. 그가 마음을 열지 않는 것이 실망도 되고 답답하기도 했다. 이곳에서 오래 사역하시는 선교사님들 중에서는 우리에게 학생 하나만 붙들고 있을 수는 없으니 그 학생을 접고 하나님이 붙여주시는 다른 학생들을 찾아보

▲ 2013년 9월

라고 말씀해주시는 분도 계셨다.

그러던 중 주일예배 때 "사탄의 세력을 끊는 길은 오직 금식과 기도뿐이다."라는 설교 말씀을 들었다. '아, 그렇구나. 다민이나 그의 아버지가 독실한 무슬림은 아니지만, 문화와 생활 속에서 이슬람이 그의 영혼을 묶고 있는데, 그 큰 사탄의 세력을 끊는 길은 오직 기도뿐이구나.' 하는 것을 마음에 새기게 되었다. 분명히 이것은 영적 전쟁이었다.

사실 다민이가 마음을 잘 열고 조잘거리는 성격이 아니어서 답답할 때가 많았다. 싫어서인지, 아니면 동의가 안 되어서인지, 표현력이 없어서인지, 남학생이라서 그런지, 그의 마음속을 알 수가 없다는 생각이 들 때가 많았다. 어떻게 그의 마음을 알 수 있을까? 다민이에게 와닿는 사랑의 언어로 마음 문을 열게 하고 싶어서 '5가지 사랑의 언어(Five Love Languages)' 질문지를 활용해보기도 했다.

그러던 어느 날, 캠퍼스에서 K성 출신 여학생을 만났다. 미국 대학생 선교회(CCC)에서 온 미국인 자매가 양육하고 있는 학생이었다. 지금 사범대생 장학금을 받고 공부하고 있는데, 졸업하면 K성으로 돌아가서 교사를 하게 된다고 했다. 물리 전공에 영어가 제2전공이라서 영어가 유창했다. 점심을 먹으며 어떻게 예수님을 믿게 되었냐고 물었더니 고등학교 때 살던 도시에 미국인 자매가 있었는데 그 집에 자주 놀러 다니며 예수님에 대해 들었다고 했다. 그때 자기가 예수님을 믿었는지 안 믿었는지는 잘 모르겠지만, 대학에 들어와서 CCC에서 나온 미국 학생들이 주관하는 영어회화 모임에 참석했다가 거기서 예수님을 영접하고 양육을 받고 있다고 했다.

나는 그 말을 들으며 '아, 내가 다민이에 대해 실망할 필요가 없구나. 내가 그 마음의 토양을 바꾸는 일에만 전념하면, 하나님은 하나님의 때에 열매를 맺게 해주시겠구나.' 하는 마음을 갖게 되었다. 💡 하나님께서는 이렇게 나에게 가르쳐 주시고 내 마음을 붙잡아 인도해주셨다.

이슬비 작전

그다음 주에 다민이가 우리 집에 왔을 때, 나는 "우리 집에 오면 너는 무얼 하면서 어떻게 시간을 보내고 싶으니?" 하고 물었다. 그랬더니 한국 음식 만드는 것도 배우고, 한글도 배우고, 이야기도 하고 싶다고 했다. 그러면서 "오는 것이 있으면 가는 것이 있는 법인데, 이모는 내가 무엇을 했으면 좋겠어요?" 하고 물었다. 중국 사람다운 질문이었다.

나는 우리가 너에게 무엇을 바라는 것이 있어서 너를 사랑하는 것이 아니라고 대답해주었다. 이 대답은 천국 문화(kingdom culture)에서 나온 말이었다고 생각된다. 다민이는 그 말이 무척 감동적이라고 했다. 지금 뒤돌아보니, 중국 문화에 젖어있던 다민이가 생소한 하나님 나라의 문화를 접하고서 신선한 감동을 받은 것이 아니었나 생각된다. 사실 나는 '네가 예수님을 잘 믿기를 바란다.'고 말하고 싶었지만, 아직은 때가 아닌 듯해서 그 말을 못했다. 하나님께서는 나에게 인내를 가르치셨다.

나는 다민이에 대해 이슬비 작전으로 바꾸었다. 그다음 주부터 음식을 할 때 미리 다듬고 준비해놓은 재료를 마지막 조리 단계에서 다민이와 같이 했다. 다민이는 졸졸 따라다니면서 내가 음식 하는 것도 보고, 냄비에 끓고 있는 음식을 저어주는 등 함께 도와주었다. 음식이 다 되면 식탁으로 나르고 수저도 놓았다.

또한, 설거지는 자기 몫이라면서 늘 설거지를 도맡았다. 설거지는 그동안 남편의 몫이었는데 다민이가 해주어서 좋다고 격려해주었다. 우리는 설거지를 할 때, 그릇을 씻어서 물기가 빠지도록 엎어 놓는데 중국 사람들은 반대로 놓는다. 하지만 다민이는 우리 집에서는 이모 방식을 따른다며 씻은 그릇들을 엎어 놓았다.

식사 후 한글 교재를 가지고 한글 공부도 하고 성경 말씀을 읽었다. 첫날은 시편 1편을 읽었다. 먼저 다민이에게 중국어로 읽어달라고 하고서 내가 따라 읽고, 또 내가 영어로 읽고서 다민이에게 따라 읽게 했다.

그리고 지금 읽은 것에 대해 5분 정도 생각해보자고 했다. 그다음엔 서로 느낀 것을 나누었다. 다민이는 바람에 나는 겨와 같은 인생이 아니라, 시냇가에 심은 나무가 되고 싶다고 했다.

이렇게 성경을 읽고 묵상하고 나누는 시간을 가지니 자연스레 성경묵상(QT)이 되었다. 교재를 사용하는 체계적인 성경공부 대신 조금씩 말씀의 이슬비를 뿌리고, 조금씩 가르치며 그리스도인의 삶을 나누기로 했다. 하나님께서 하나님의 때에 열매 맺으실 것을 믿으며.

시편 1편 3절의 "그는 시냇가에 심은 나무가 철을 따라 열매를 맺으며 그 잎사귀가 마르지 아니함 같으니 그가 하는 모든 일이 다 형통하리로다"라는 말씀을 읽을 때였다. '철을 따라 열매를 맺으며'라는 구절을 영어인 'yields its fruit in season'과 중국어인 '按时候结果子'로 읽는데, 그 '철을 따라'라는 중국어 단어가 '하나님의 적합한 때에'라는 의미로 내 마음에 깊이 와 닿았다. 그렇다. 하나님의 시간표(Holy Spirit's time table)와 나의 시간표가 언제나 같지는 않다. 💡

인생길을 비추는
말씀의 등

10월의 어느 날이었다. 시편 119편의 몇 부분을 같이 읽고 105절을 외웠다. "주의 말씀은 내 발에 등이요 내 길에 빛이니이다"(시 119:105). 그날 말씀을 읽고 다민이는 이렇게 자기 생각을 나누었다. "주님이 있으면 인생의 방향이 있기에 길을 잃고 헤매지 않는다. 누구나 인생의 끝이 있다. 그런데 주님을 따르면 더 멀리 간다(If you have the Lord, you will have direction and will not lose the way. Everyone has an ending point, but if you follow him, you will go further)." 다민이는 말은 별로 많지 않지만, 감수성이 예민해서 가끔 이렇게 자기의 마음을 잘 표현했다.

우리는 중영(中英) 성경책을 사서 사용하는데, 그날 다민이에게 "이 책은 내가 너를 위해서 산 거야." 했더니 좋아하는 것 같았다. 하지만 기숙사는 한 방에 여섯 명이 같이 지내기 때문에 억지로 성경을 주면 혹 부담스러워하거나 거부할 것 같았다. 그래서 "이 책은 우리 집에 놓고 사용하다가 언제라도 네가 준비되었을 때 가져가라."고 했다. 그러

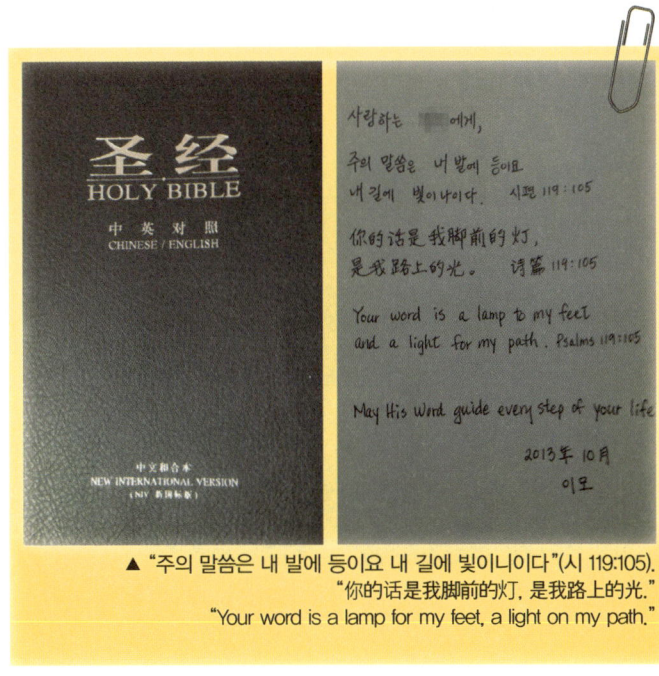

▲ "주의 말씀은 내 발에 등이요 내 길에 빛이니이다"(시 119:105).
"你的话是我脚前的灯, 是我路上的光."
"Your word is a lamp for my feet, a light on my path."

자 몇 주 후에 성경책을 가져가겠다고 했다. 나는 성경책에 시편 119편 105절 말씀을 한글과 영어와 중국어로 쓰고, '하나님의 말씀이 너의 인생을 인도해주길 바란다.'고 써서 주었다. 그리고는 마음이 기쁠 때나 힘들 때 시편을 읽어보라고 했다. 또, 어떤 사람들은 잠언을 매일 한 장씩 읽는데, 너도 그렇게 해보라고 권했다.

나는 언젠가는 다민이의 삶에서 떠나게 될 것이다. 그때에도 그가 믿음 안에서 바로 서고, 바로 자랄 수 있는 유일한 길은 스스로 말씀을 먹는 길밖에 없다. 이제 그가 예수님을 알았으니, 내가 해야 할 일은 그에게 말씀을 가까이하게 하고, 말씀에 뿌리내리게 돕는 일이었다. 💡 그의 인생길에 성경 말씀이 등이 되고 빛이 되어 비추어지기를 소원하는 마음으로 나는 그에게 성경책을 전해주었다.

중국에 와서 누구를 만나서 같이 식사할 때 우리는 이렇게 묻곤 한다. "우리는 기독교인이어서 하나님께 감사 기도를 드리고 밥을 먹는데,

▲ 다민이가 만든 중국 음식

혹시 기도해도 괜찮을까요?" 그러면 대부분 괜찮다고 기도하라고 한다. 우리가 기도하는 동안 이들은 보통은 눈을 뜨고 우리를 본다. 그러면 우리는 만남에 대해 감사하고, 상대방의 학업이나 가족을 위해 기도하고 축복해주며, 음식에 대해 감사하는 기도를 드린다. 이렇게 기도해주면 모두 좋아한다. 공공장소에서는 우리는 보통 눈을 뜨고 기도한다.

다민이도 처음 우리 집에 온 날부터 손을 잡고 식사 기도를 같이 했다. 언젠가부터는 눈을 감고 기도하다가 또 언젠가부터는 돌아가며 순서대로 기도했다. 그래서 "오늘은 누가 기도할 차례지?" 하면, 다민이가 "내 차례(my turn)!" 하면서 식사 기도를 하곤 했다. 어느 날은 다민이가 자기가 중국 음식을 만들겠다고 했다. 그래서 둘이서 함께 장을 보고 음식을 만들어서 맛있게 먹었다. 내가 감기가 들어 아플 때 나를 위해 기도한다고 문자를 보내기도 했다. 다민이가 이슬비에 조금씩 젖어 들어가고 있었다.

감사절 디너

감사절이 다가왔다. 감사절은 기독교의 중요한 절기 💡 인데, 어떻게 특별하게 지낼까 생각하다가 감사절 디너를 하기로 했다. 그런데 슈퍼에서 칠면조(turkey) 고기를 찾을 수가 없었다. 외국인이 많이 간다는 큰 마트에 갔지만, 거기도 없어서 버터만 사서 돌아왔다. 실은 칠면조 고기가 있었다고 해도 오븐이 없으니 문제였을 것이다. (나중에 들어보니, 외국 호텔에 칠면조 고기를 주문해서 구워놓은 고기를 찾아오면 된다고 했다.) 우리는 칠면조 고기 대신 닭고기로 메뉴를 정하고, 으깬 감자(Mashed Potato)와 옥수수를 준비했다. 인터넷에서 조리법을 찾아서 그레이비(Gravy) 소스도 만들었다.

우리는 중국 학생들이 모이는 가정교회를 인도하고 있는 형제와 자매를 초청해서 같이 감사절 디너를 먹었다. 그들이 다민이를 그 가정교회 예배 모임으로 인도해주기를 바라서 미리 귀띔하며 시도했지만, 그 일은 이루어지지 않았다.

이후에 우리가 떠날 때를 생각하면, 다음 단계로 우리가 해야 할 일은 다민이를 건전한 가정교회와 연결해주는 것이었다. 💡 배경이나 내용을 잘 모르는 이단적 모임에 혹시 다민이가 휩쓸리지 않을까 하는 것도 우려가 되었다. 그래서 여러 방면으로 모임을 알아보려 했지만 쉽지 않았다. 미국처럼 전화번호부에 교회 이름이 쭉 나오는 게 아니라 모두 비밀리에 모이는 지하교회이기 때문이다.

감사절이 지난 어느 날, 나는 다민이에게 작은 노트를 하나 주면서 하루에 두 가지씩 감사한 일을 적자고 했다. 그리스도인의 삶에는 감사가 끊어지지 않아야 한다는 것을 이야기해주었다.

문화 행사

우리가 다니는 국제학원에서 외국 유학생들의 문화제가 있었다. 다민이에게 같이 가겠느냐고 물었더니 좋아하며 왔다. 여러 가지 행사를 하고 각 나라의 음식도 팔기에 함께 음식도 사 먹었다. 그 모습을 본 사람들이 누구냐고 물을 때마다 "우리 아들"이라고 했더니 다민이도 아들

▲ 국제학원 문화제에서

행세를 하며 재미있는 시간을 보냈다.

몇 주 후, 다민이가 자기가 다니는 상과 대학에서 문화제가 있다고 했다. 그래서 우리도 가서 구경하고 사진도 찍어주었다. 학과 대표로 다민이가 나와서 마이크를 들고 노래를 했다. 자기는 사실 노래나 댄스를 전공하고 싶었지만, 부모가 허락하지 않을 것이 뻔해서 말도 못 꺼내고 부모 의견대로 상과 대학을 선택했단다. 나는 "전공을 안 하더라도 하나님이 주신 재능과 은사를 사용할 수 있는 길이 있다."고 말해주었다. 상과 대학을 졸업하고 직장생활을 하면서도, 교회 찬양팀에서 노래를 부르거나 피아노를 연주하며 하나님을 찬양할 수도 있다고 격려해주었다.

나는 다민이가 어렸을 때 피아노를 배웠다는 이야기를 듣고 전자 키

▲ 태권도 시범

보드를 샀다. 다민이와 같이 악기점에도 가보았지만 마땅한 것이 없어서 인터넷으로 구입했다. 그래서 우리는 가끔 같이 키보드도 치고 찬양도 부르곤 했다. 언젠가 그가 교회에서 찬양으로 섬기는 자리에 있기를 소원한다.

한번은 이 도시에 한국 문화 사절단이 방문했다. 우리는 다민이와 또 다른 중국 학생들과 같이 가서 난타, 태권도 등의 프로그램을 보며 즐거운 시간을 보냈다. 다민이는 이제 정말 우리를 가깝고 편안하게 느껴서 아무에게도 말하지 않았던 이야기나 마음속 깊이 가지고 있던 생각들도 우리와 나누게 되었다. 이렇게 가깝게 같이 지내면서 나는 가끔 영적인 질문을 던져서 다민이에게 생각해보게 하고, 또 그의 대답을 확인하곤 했다.

하루는 "다민아, 네 마음속에 예수님이 계시니?" 하고 물었더니, 주저하지 않고 "Yes!"라고 했다. 감사했다. 그래서 나는 이런 이야기를 했다. "만약에 우리가 손님을 집에 초청했는데 구석에 잠깐 앉아계시라고 하고서 며칠 동안 같이 얘기도 안 한다면, 손님 마음이 어떨까? 섭섭하시겠지?" 다민이가 그 말에 동의한다는 표시를 했다. "우리도 예수님을 마음에 모셔놓고서 마음 한구석에 그냥 계시라고 하면 예수님이 어떻게 느끼실까? 예수님과 대화하고 교제해야겠지? 우리가 기도하는 것은 예수님, 하나님과 얘기하는 것이고 성경을 읽는 것은 그분의 말씀을 듣는 거야." 나는 이렇게 조금씩 하나님의 이야기를 해주었다.

열리고 있는 마음 문

크리스마스 전날, 다민이가 이런 문자를 보내왔다. "모든 사랑을 담아 성탄 인사를 드립니다. 우리는 어디에 있든지 언제나 하나입니다. 집을 멀리 떠나온 지금, 집 생각이 나겠지만 걱정하지 마세요. 이모와 엉클 샘의 가족은 모두 행복해요. 우리를 위해 예수님 이름으로 기도합니다(I wish you a Merry Christmas. All affection and best wishes to you. We are one, whenever, wherever. Far away from home, maybe homesick. Don't worry, You and your family are all happy now. I pray for us in Jesus' name)."

새해 첫날에는 또 이런 메시지가 왔다. "이모와 엉클 샘, 해피 뉴 이어(Happy New Year)! 중국에서 보낸 지난 1년 동안, 우리가 우연히 만나서 서로를 알게 되고, 서로 사랑하게 되었습니다. 오는 한해도 우리를 향하신 주님의 사랑이 지속되기를 바랍니다. 우리의 길을 앞서 인도하시는 주님을 따릅니다." 내가 스토커처럼 일방적으로만 문자를 보냈던 시간을 뒤돌아보면서 다민이가 이렇게 속마음을 표현하게 된 것이 대견하고 기뻤다.

두 번째 방학이 다가오고 있었다. 방학 동안 못 만날 텐데 어떻게 할까 생각해보았다. 지난 여름방학에 집에 간다고 했을 때는 방학 동안 요한복음을 읽게 하려고 "내가 성경의 일부를 프린트해줄게. 집에 가서 읽을 수 있겠니?" 하고 물었었다. 하지만 다민이가 집에서는 마음이 불편하다고 해서 주지 못했다.

나는 이번 겨울방학이 되기 전에 또다시 물어보았다. "방학 동안 집에서 성경을 좀 읽을래?" 그랬더니 읽으려고 노력하겠다는 것이었다. 와! 이렇게 많이 변했다. 무거운 성경책을 가지고 다니기 힘들 텐데 핸드폰에 성경을 다운로드 하고 매일 조금씩 읽으면 어떻겠느냐고 했더니, 바로 성경 앱(Bible App)을 다운받았다. 감사했다.

다민이가 고향 집으로 가기 전날 저녁, 우리 집에 와서 이런저런 얘기를 하며 보냈다. 다민이가 자기가 좋은 다큐멘터리를 하나 보았는데, 같이 보겠느냐고 했다. 대만계 미국인인 제레미 임(Jeremy Lim)이라는 농구선수 이야기인데, 하나님을 가장 첫 번째 우선순위로 여기는 가정에서 자라난 사람이었다. 제레미가 NBA선수가 되는 과정에서 어떻게 하나님을 우선순위로 놓고 사는지 보여주는 좋은 다큐멘터리였다. 하나님 우선의 삶을 사는 젊은이를 보고 좋게 생각하는 다민이가 너무나도 대견했다. 첫 학기에 비교하면 신앙이 많이 자랐다.

기독교에 관한 질문을 잘 설명한다는 『유자령』(游子吟, Songs of a Wanderer)이라는 작은 책자를 소개받았다. 중국의 지식인이나 대학생들이 읽는다고 했다. 그 책도 한 권 주면서 방학 동안에 시간 있을 때 읽어 보라고 했다.

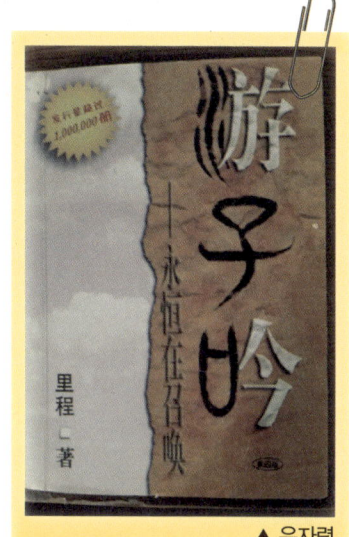
▲ 유자령
(游子吟, Songs of a Wanderer)

생일 축하

1월 6일은 다민이의 스무 살 생일이었다. 언젠가 서로의 학생증을 보여주며 이런저런 이야기를 하다가 거기 적혀 있는 생일을 기억해놓았었다. 학기가 거의 끝나가던 즈음이었는데, 집에 잠깐 들르라고 해서 깜짝 생일 축하를 해주었더니 너무 놀라고 감격하며 눈물을 글썽였다. 평생 잊을 수 없는 생일이라면서, 외국인이 자기 생일을 이렇게 축하해준다는 것이 믿을 수 없는 감동이라고 했다. 💡

그는 자기가 받은 이 사랑을 어떻게 우리에게 갚을 수 있겠느냐고 물었다. 그래서 "우리가 너를 사랑하는 것을 알지?" 하고 확인하고서 "우

▲▶ 깜짝 생일 축하

리가 너를 사랑하는 것은 너한테서 무슨 대가를 바라고 하는 게 아니야. 그런데 우리가 너를 사랑하는 것보다 너를 더 많이 사랑하는 분이 계시는데, 그분이 바로 아들을 주기까지 너를 사랑하시는 하나님이야. 내 소원은 네가 그 하나님을 깊이 아는 거야."라고 말해주었다. 이렇게 다민이와 우리는 사랑의 관계가 되어가고 그의 마음도 점차 녹기 시작했다.

방학을 맞아 다민이는 고향 집에 가고 우리도 미국으로 왔지만, 우리는 중국 웨이신(WeChat)으로 서로 연락을 하며 지냈다. 이런 테크놀로지가 선교에 큰 몫을 한다. 💡 하루는 다민이에게서 연락이 왔는데, 밤에 잠자리에 들기 전에 성경을 읽는데 읽고 나면 평안을 느낀다는 것이었다. 말씀이 그의 마음에 들어가 역사하고 계셨다. 할렐루야! 하나님, 감사합니다.

세 여학생

여름방학을 마치고 돌아와 두 번째 학기를 시작할 때였다. 다민이 한 영혼에만 매달리고 있을 수는 없어서, "하나님, 준비하신 영혼이 있으면 만나게 해주세요."라고 기도하면서 다른 학생들도 만나려고 노력했다. S대학 캠퍼스에는 식당이 여섯 개나 있다. 그중 한 식당은 돼지고기 요리가 없어서 소수민족 학생이 많이 오는 곳이라는 말을 듣고, 그곳에 가서 점심을 먹기로 했다.

우리가 공부하는 국제학원에서 소수민족 식당으로 가려면 캠퍼스 버스로 20분 정도 걸렸다. 가보니 학생들은 먹는 데만 집중하면서 빨리 먹고 나갈 기세였다. 중국의 학교 식당 분위기는 미국의 카페테리아 분위기와 상당히 달랐다. 미국에서는 점심시간에 좀 더 자유롭게 흩어져서 오고, 또 와서도 한참 얘기하다가 나가기도 하는데, 중국에서는 모든 학생이 같은 시간에 와서 재빠르게 먹고 재빠르게 나갔다.

그러던 어느 날, 우리는 식판을 들고서 마음속으로 '하나님, 어디에 앉을까요?' 하면서 여기저기 두리번거리다가 어느 테이블 가장자리에 앉았다. 옆에 앉아 있는 여학생들에게 말을 걸어보니, 자기들 여섯 명은 한 방을 쓰는 룸메이트라고 했다. 그중 한 학생이 한국 사람을 만났다고 뛸 듯이 기뻐하며 관심을 가졌다. '하나님, 이 자매인가요?' 나는 속으로 생각했다. 세 명의 룸메이트는 먼저 자리를 뜨고, 우리는 나머지 세 여학생들과 대화를 나누다가 전화번호를 교환하고 헤어졌다.

그 후에도 '하나님, 이 학생들인가요?' 하고 하나님께 물으며 지내고 있었는데, 하루는 교회에 갔다 오는 길에 버스에서 그 여섯 명 중 한 여학생을 만났다. 그런데 그 학생이 아주 반가워하는 것이었다. 남편과 나는 하나님이 만나라고 하시는 것 같은 생각이 들어, 그다음 주에 세 여학생에게 연락해서 저녁을 사주며 대화를 나누었다. 고향, 가족 등의 얘기를 나누는데, 우리를 만난 것을 너무 좋아하며 따르는 것이었다.

그래서 다음에는 집으로 초대했다. 그중 한 학생은 제2전공과목 수업이 있어 못 오고, 나머지 두 학생인 지나와 주희만 와서 밥을 먹고 '예수' 영화를 보았다. 영화가 너무 길어서 반만 보고 나머지는 다음에 보기로 했다. 두 학생은 기숙사 음식만 먹다가 집에서 해주는 음식을 먹으니 맛있다며 아주 맛있게 먹었다. 특히 지나는 김치를 너무 좋아해서 우리가 '김치광'이라고 별명을 지었다.

우리 부부를 보고 행복해 보인다고 하기에, "너희들도 예수님을 믿고서, 예수님 믿는 남편을 만나면 도박이나 술 같은 데 빠지지 않고 행복한 결혼생활을 할 수 있다."고 얘기했다. 중국 학생들은 우리 부부에게서 중국 할머니, 할아버지와 다른 어떤 분위기를 느끼는 모양인지 많은 학생이 비슷한 말을 하곤 한다. 특히 남편이 활짝 웃으며 따뜻하게 반겨주는 분위기가 그들에게는 새로운 경험인 것 같았다. 또, 대다수의 중국 할머니, 할아버지들은 손주를 돌보거나 공원에 앉아 시간을 보내는데, 우리가 이 나이에 외국에 나와서 산다는 것도 중국 대학생들에게는 새로운 모양이었다.

다음 주에 지나와 주희가 다시 우리 집으로 왔다. 이번에는 같이 김치도 만들고 영화 뒷부분도 다 보았다. 우리 아파트를 구해주었던 중국인 자매 웬디에게도 연락해서 오라고 하고 이 학생들과 같이 대화를 했다. 영화에 대해 어떻게 생각하느냐고 물었더니 학교에서는 예수를 역사의 한 인물, 4대 성인의 한 사람으로 공부한다고 했다. 웬디는 지나와, 나는 주희와 이야기를 이어갔다. 예수님에 대해 대화를 나누는데 주희가 약간 관심을 보이는 것 같아서 사영리를 같이 읽었다.

지난 학기에는 사영리를 인터넷에서 프린트해서 사용했지만, 이번에는 방학 때 서울의 생명의말씀사 서점에서 중영판, 중국어판, 영어판, 한국어판 사영리 소책자를 한 묶음씩 준비해 가지고 왔다. 그래서 그 후부터는 기회만 되면 사영리를 사용했다. 상황에 따라 영어와 중국어 둘 다 읽기도 하고, 중국어로만 읽기도 했다. 같이 읽은 후에는 나중에 혼자서라도 다시 읽어 보라고 사영리 소책자를 학생에게 주었다.

▲ 중영 사영리 책자

사영리의 영접 기도 단계에 갔을 때, 주희가 자기는 아직 준비가 되지 않았다며 좀 더 생각해보겠다고 했다. 고향에 자기 올케언니를 포함해서 주위에 예수님을 믿는 사람이 더러 있는데, 자기가 보기에는 기독교인이라고 하는 그들이 불신자와 조금도 다를 바가 없어 보인다고 했다.

세 여학생이 고향으로 떠나기 전에 저녁을 사 주며 다음 학기에도 만나기로 약속하고 헤어졌다. 이 세 여학생과 짧은 교제를 하는 동안에 배운 것은, 개인 전도는 1대 1로 해야지, 1대 3이 되면 감당하기 어렵다는 것이었다. 💡 나의 언어 실력이 부족하기도 했지만, 한 사람 한 사람에게 관심을 가질 겨를이 없었다. 집중해서 한 사람의 마음을 뚫고 들어갈 수 없다는 느낌이 들었다. 선임 선교사님에게 물어보니 그분도 1대 1로 만나는 것을 권했다. 특히 이 나라에서는 믿고 싶어도 옆 사람의 눈치를 보게 되기 때문에 마음을 쉽게 열지 않는다고 했다.

복음으로 장식한
크리스마스 파티

학기가 시작될 때, 연대기 성경으로 신약을 읽기 시작했다. 예수님의 탄생 이야기를 읽으면서, '아, 중국 학생들이 성탄의 참 의미를 알았으면 좋겠다.' 하는 생각이 들었다. 크리스마스 파티를 하면서 예수님의 탄생 이야기를 들려주고, 예수님이 왜 이 땅에 오셨는지 말해주면 좋겠다는 아이디어가 떠올랐다. 성령님이 주신 생각이었다. 💡

그 때가 9월 21일이었다. 나는 "하나님, 크리스마스 파티에 15명 정도 올 수 있으면 좋겠어요."라고 기도하며 준비를 시작했다. 누구를 초청할까? 좋은 분위기를 만들기 위해 장식은 어떻게 할까? 프로그램 진행은 어떻게 하지? 무슨 말씀을 어떻게 나눠야 하지? 무슨 음식을 하고 어떤 선물을 준비해야 할까? 여러 가지 생각해야 할 것이 많았다. 우선 초대할 사람으로는 다민이, 버스에서 만나 예수를 영접한 조(Joe)와 그의 여자친구, 그리고 소수민족 식당에서 만난 세 여학생을 손가락으로 꼽아 보았다.

　10월에는 크리스마스 장식과 선물에 필요한 물품들을 미국 회사에서 온라인(online)으로 주문했다. 미국에 있는 친구에게 부탁해서 M&M 초콜릿과 작은 선물들도 구입했다. 11월에 우리 교회 집사님이 해외 DHL로 부쳐주셨는데, 태평양을 쾌속으로 건너온 물건이 세관에 열흘 간 묶여 있다가 약간의 세금을 내고 풀려 나왔다.

　12월 둘째 주에는 집안을 장식했다. 그날 부를 캐럴 송(carol song) 책도 만들고, 선물을 포장했다. 들어오는 문에는 성탄 리스(wreath) 대신, 빨간색 종이 위에 미국의 광고 책자에서 오려낸 종이를 풀로 붙여 달아놓았다. 빨강과 초록 색깔 종이가 장식에 큰 몫을 했다.

▲ 학생들을 맞이할 준비가 된 아파트 거실

▲ 들어오는 문에
종이로 만든 리스 장식

▲ 크리스마스 캐럴 송 책

자료와 재료가 빈약한 환경에서 최대한 창의력을 발휘하여 모든 준비를 하는 과정에서 성취감과 만족감을 맛보았던 기억이 지금도 새롭다. 가장 어려웠던 점은 성탄의 메시지를 어떻게 전할까 하는 부분이었다. 외부에서 목사님이나 선교사님을 초청해서 설교를 부탁할까도 생각해보고, 예수님의 탄생에 관한 동영상을 보여줄까도 생각했지만, 그냥 성경에 나오는 예수님의 탄생 이야기를 들려주기로 했다.

중영(中英)성경에서 예수님 탄생에 관한 말씀을 복사해서 빨강과 초록색 종이에 오려 붙이고, '아기 예수 이야기(The Story of Baby Jesus)'라는 제목을 적어 작은 책자를 두 권 만들었다. 완전 수공 작업이었다.

책자에 들어 있는 말씀의 내용은 다음과 같다.

- 마리아에게 잉태를 예고하심(눅 1:26-38)
- 마리아가 엘리사벳을 찾아감(눅 1:39-45)
- 마리아의 찬양(눅 1:46-56)
- 요셉에게 잉태를 예고하심(마 1:18-25)

▲ '아기 예수 이야기' 책자 표지

- 예수 그리스도의 탄생(눅 2:1-7)
- 천사들이 예수의 탄생을 선포함(눅 2:8-14)
- 동방박사들이 예수를 찾음(마 2:1-8)
- 동방박사들이 예수께 경배함(마 2:9-12)

여기에 말씀 내용에 관한 열 가지 정도의 질문과 설명을 준비했다. 내가 중국어가 서툰 것이 안타까웠다. 하고 싶은 질문이나 설명을 먼저 영어로 쓴 다음, 중국어로 문장을 만들고 중국어 발음을 병음으로 표기한 후, 성조를 표시했다. 이 과정에 시간이 많이 들었다.

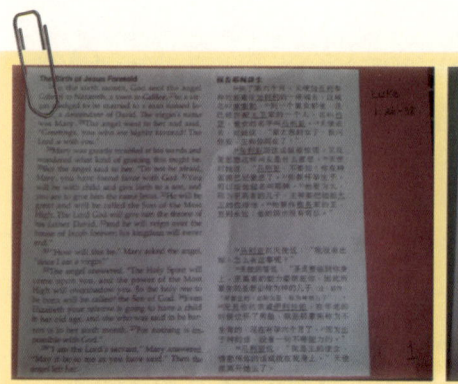

▲ 예수님 탄생에 관한 말씀들

믿고 싶습니다

크리스마스 파티는 12월 21일 토요일 3시였다. 여섯 명 모두가 오기로 되어 있었다. 그 주 초부터 음식 준비를 시작했다. 메뉴를 정하고 장을 보고 미리미리 씻고 다듬어놓아야 했다. 그러면서 오전에는 학교 수업에 가려니 시간이 빡빡했다.

12월 16일 월요일 아침이었다. 피곤해서 학교를 빠지고 싶은 마음이 굴뚝같았지만, 학교에 갔다. 월요일은 독해수업(reading class)이 있는 날이었다. 수업 마지막에는 한 학생이 나와서 자기가 읽은 신문 기사나 책에 대해 약 5분간 발표하는 시간으로 공부를 마친다. 그날은 이탈리아에서 온 여학생이 자기가 읽은 중국의 전설을 소개했다.

반고(盤古)라는 시조는 우주가 혼돈 속에 있을 때 큰 알 속에 갇혀 있다가 알을 깨뜨리고 나와서 하늘과 땅을 갈랐다. 그가 죽은 후 그가 내쉰 숨은 바람과 구름이 되고, 왼쪽 눈은 태양, 오른쪽 눈은 달, 머리카

락과 수염은 별, 몸의 피는 강이 되고, 피부와 몸의 가는 털은 화초와 나무가 되었다. 이렇게 해서 하늘에는 태양, 달, 별이 있고, 땅에는 산천초목, 새와 물고기 등이 있었지만 인간은 없었다. 그런데 뉘와(女媧)라는 여신이 강가의 진흙으로 자기를 닮은 모양을 빚어 인간을 만들었다는 이야기였다.

이 전설은 왜곡된 하나님의 창조 이야기였다. 이 왜곡된 이야기를 들으며 나는 속이 메스꺼워지는 것 같았다. 질문 시간에 몇 학생이 전설 내용에 대해 질문하는데, 피곤했던 나는 어서 집에 갈 생각만 하고 있었다. 그런데 갑자기 질문해야 할 것 같은 마음이 들었다. 몸이 피곤했기에 '내가 질문을 안 하면 수업이 빨리 끝날 텐데….' 하는 생각도 들었다. 그래도 생각을 바꾸어 이렇게 질문을 했다.

"중국 사람에게 묻고 싶은 질문이 있는데, 여기에 중국 사람은 선생님밖에 없으니 선생님에게 묻겠습니다. 중국 사람들은 이 전설을 믿습니까?" 그랬더니 그 선생님이, "중국 사람은 아무것도 믿지 않습니다(中國人什么都不信)."라고 대답했다. 그러면서 나와 옆에 앉은 미국 학생에게 너희는 기독교인이냐고 되묻는 것이었다. 우리는 그렇다고 대답했다.

내 옆의 미국 학생이 선생님에게 당신은 무얼 믿느냐고 물었다. 그랬더니 또 중국 사람은 아무것도 믿지 않는다고 대답하는 것이었다. 그래서 우리가 "다른 중국 사람 말고, 당신은 무얼 믿습니까?" 하고 다시 물었다. 그 선생님은 잠시 생각하는 듯하더니, "나는 아무 것도 믿지 않지만, 믿고 싶습니다(我想信)."라고 하는 것이 아닌가!

바로 그때 수업이 끝나는 종이 울렸다. 학생들은 모두 일어나서 교실을 나갔다. 그런데 나의 가슴은 쿵쾅쿵쾅 뛰고 있었다. 피곤하던 것도 갑자기 다 사라졌다. 나는 너무 놀라고 흥분되었다. '아니, 이 선생님이 방금 믿고 싶다고 하지 않았는가?'

나는 얼른 일어나 그 선생님에게 다가가서, 한국 음식을 해줄 테니 우리 집에 오겠느냐고 물었다. 그 선생님은 너무 좋아하며 오겠다고 했다. 나는 이번 주간은 몹시 바빴기 때문에 다음 주에 날짜를 잡기로 하고 집으로 왔다. 이번 주간에 내가 바쁜 이유는 물론 토요일에 있을 크리스마스 파티 때문이었다.

집에 와서 남편에게 오늘 일어난 일을 이야기하고 곰곰이 생각해보았다. '예수님을 소개하기에 가장 적합한 때는 크리스마스 파티가 아닐까? 그렇다면 이 선생님도 파티에 초청하면 어떨까?' 그런데 이미 선물 등 모든 준비는 여섯 명에 맞추어서 다 끝나 있었다. 거기다가 이 선생님은 대학원생이고, 초청된 다른 학생들은 대학 1, 2학년 학생들인데 잘 어울릴 수 있을까 하는 생각도 들었다. 이 선생님은 나를 '영희'라고 부르며 학생 취급을 할 것이고, 다른 학생들은 나를 '이모'라고 부르며 따를 텐데 뭔가 맞지 않을 것도 같았다. 이런저런 생각이 들었지만 결국 그를 파티에 초대하기로 했다. 그 선생님의 이름은 애니였다.

잊지 못할 크리스마스

크리스마스 파티를 하는 날이 되었다. 온종일 긴장된 마음으로 음식을 준비했다. 입으로는 "성령님, 오늘의 모든 진행이 잘 이루어지도록 도와주세요."라고 계속 중얼중얼하면서. 드디어 3시가 되어 초대한 일곱 명이 모두 왔다. 지나는 사과 하나를 예쁜 상자에 넣어서 가지고 왔다. 중국에선 크리스마스이브에 사과를 준다나? 이만큼 중국은 성탄에 대한 인식이 희박하다.

우선 서로 모르는 사이이니 게임을 하면서 소개 시간을 가졌다. 이들은 이러한 게임을 많이 해보지 않아서인지, 내가 그리 잘 인도하지 못했는데도 재미있어했다. 우리는 다 같이 크리스마스 캐럴을 불렀다. 이때 다민이가 키보드로 '고요한 밤 거룩한 밤'과 '징글벨' 노래를 반주했다. 다음은 예수님 탄생에 관한 성경 말씀을 작은 책자에 있는 대로 한 사람이 한 페이지씩 돌아가며 읽었다. 그리고 맛있게 식사를 했다. 식사 기도는 조(Joe)에게 시켰더니 잘 했다.

식사 후, 두 팀으로 나누어서 아까 읽은 성경 말씀에 관해 미리 준비했던 질문을 했다. 질문에 더 많이 대답한 팀이 이기는 것이었다. 질문 사이사이에는 20초 정도의 설명도 넣었다. 예를 들어, "예수님이 어디서 태어나셨는가?" 하면, "마구간!"이라고 대답한다. 그러면 이와 연결해서, "예수님이 왜 마구간에서 태어나셨나?"라고 질문한다. 대답은 "여관에 방이 없었기 때문에."라고 하면 된다.

이때 나는 나의 간증을 이야기해주었다. 20여 년 전 성탄절 즈음에 나는 직장 일과 성탄 준비, 선물 준비 등으로 정신없이 바쁘게 다니다가 운전 중에 작은 충돌사고가 났었다. 그 순간, 나는 '아, 내 마음속에는 예수님을 위한 자리가 없었구나.' 하는 깨달음을 가졌었다. 나는 이 이야기를 나누며 지금도 많은 사람이 그들의 삶에 예수님을 위한 자리가 없이 살고 있다고 했다.

나는 또 "동방박사들이 유대인의 왕으로 오신 예수가 어디에서 태어났느냐고 물었을 때, 헤롯왕과 예루살렘 성의 사람들이 불안해했다고 했는데, 왜 불안해했을까?"라고 물었다. 이 질문은 쉽지 않은 질문이기에 질문을 던지고 답도 설명해주었다. 예수님은 정치적인 왕으로 오신 분이 아니라 우리의 구세주, 영적인 왕으로 오신 분이었는데, 헤롯왕과 예루살렘 성의 사람들은 그것을 몰랐기 때문이라고 설명했다. 그리고 신이신 예수님이 우리 죄의 문제를 해결하기 위해서 아기 예수로 이 세상에 오신 것이 성탄의 의미라고 말해주었다.

모든 질문과 답이 끝난 후에 나는 다 같이 눈을 감고 기도하자고 했다. 즐거운 시간을 보낸 것을 감사드리고, 우리 죄를 위해 아기 예수로 오신 주님의 탄생을 감사드렸다. 또한, 참석한 학생들의 학업과 대학 생활, 장래에 대해 축복하는 기도를 드렸다. 그리고 예수님에 대해 좀 더 알기 원하는 사람은 손을 들라고 했더니 모두 손을 들었다. 감격의 순간이었다.

미국이나 한국에서는 매년 맞이하는 크리스마스인데 이들은 크리스마스가 무슨 날인지도 모르고 살고 있었다. 이들은 크리스마스에도 보통 날과 다름없이 직장에 가고 학교에 간다. 우리 집에 온 이들에게는 오늘이 평생 처음 맞는 크리스마스 파티였다. 이들이 성탄의 참 의미를 앞으로도 기억하기를 소원한다.

우리는 게임에서 이긴 팀과 진 팀 모두에게 선물을 주고, 개인에게 준비한 크리스마스 선물도 나누어주었다. 모두 즐거운 시간이었다고 했다. 기숙사로 돌아가는 그들을 학교 문까지 같이 걸어가며 배웅하고 한 사람씩 짧게 이야기를 나누었다. 조(Joe)가 나에게 이모와 엉클 샘이 행복해 보인다고 했다. "그래, 너도 예수님을 모신 가정을 이루면 행복할 거야."라고 말해주었다.

다민이는 재미있는 시간을 가졌다고 하면서, "이모, 피곤할 텐데 푹 쉬세요." 했다. 다민이는 늘 배려가 깊다. 세 여학생은 재잘대며, 너무나도 재미있는 시간을 가졌다고 했다. 애니에게는 "예수님에 대해 더 알기를 원한다고 했는데, 나하고 같이 예수님에 대해 공부하지 않겠니?"라고 물었다. 그랬더니 그러겠다고 하면서, 그런데 좀 비밀스럽게 해달라고 했다. 자기가 공산당에 속해 있고 당에서 종교를 갖지 못하게 하기 때문이라는 것이었다. 나는 더럭 겁이 났다. 혹시 공산당 스파이로 온 것이 아닌가 하는 생각도 들었다.

준비된 영혼

크리스마스 파티를 마친 다음 주 월요일, 12월 23일에 학교에 갔더니 애니가 환한 얼굴로 활짝 웃으며 성탄 파티가 너무 좋았다고 했다. 그러더니 며칠 후인 27일에 전화를 해서, 얘기를 좀 하고 싶은데 주말에 시간이 있느냐고 물어왔다. 나는 '학기 말 시험공부를 해야 하는데 남의 사정은 몰라주네.' 하는 생각이 들었지만, 공부가 나의 우선순위가 아니니 어쩌겠나. 주일 저녁에 집으로 오라고 했다.

애니와 얘기를 나누다가 지난번에 예수님에 대해 공부하겠다고 했던

▲ 복음 제시와 예수님 영접

것에 대해 말을 꺼냈더니, 갑자기 "내가 예수님을 믿는 것 같아요."라고 하는 것이었다. 나는 너무 놀라서 이렇게 말했다. "예수님을 믿는 것 같다니 좋기는 한데, '믿는 것 같다'는 건 확신이 없는 말로 들리네. 나중에라도 자신이 예수님을 믿는지 아닌지 의심하지 않으려면 예수님을 믿고서 구원받았다는 확신을 갖는 것이 필요해."

나는 애니에게 사영리를 설명해주었다. 사영리 소책자를 중국어로 읽게 한 뒤, 그 의미를 설명해주면서 영접 기도를 따라 하게 했다. 그러고 나서 "이제 네가 예수님을 마음에 확실히 영접했으니, 확실히 구원받았고 확실히 예수님을 믿는 거야."라고 말해주었다. 애니는 우리와 함께 식탁의 교제를 나누고 돌아갔다.

그런데 29일 주일 밤에 애니가 카카오 스토리와 비슷한 중국 웨이신(WeChat, 위챗)에 이런 글을 올렸다. "친애하는 나의 친구들아, 2013년이 저물어가는 지금 내가 기독교인이 된 것을 너희에게 정식으로 통지한다. 나는 앞으로 성심성의껏 예수님을 믿을 것이다. 하나님의 은혜와 영광을 함께 나누도록 너희들도 (기독교인이 되기를) 초청한다. 주님에 관한 이야기를 같이 나누는 것을 환영한다." 나는 이 글을 보고 또 한 번 놀랐다. 공산당이 알면 안 되니까 비밀스럽게 하자고 할 때는 언제고, 이렇게 공개적으로 글을 올리다니!

다음날 내가 시험공부를 하고 있는데 애니에게 전화가 왔다. "지금 창세기를 읽는 중인데요. 하나님이 천지를 창조하셨다고 하는데, 그럼 하나님은 누가 창조했나요?" 갑작스러운 질문에 당황했지만, 하나님은 태초부터 계신 분이고 누가 하나님을 창조한 것이 아니라고 대답했다.

그리고 성경에 보면 하나님께서 "나는 스스로 있는 자이니라(I am who I am)"(출 3:14)라고 말씀하셨다고 했다. 애니는 '스스로 있는 자'라는 말이 좀 이해하기 어렵다고 하더니, 이내 성령님이 자기를 도와줄 것이라고 했다. 그래서 나는 이렇게 말해주었다. "지난번 우리 집에 왔을 때, 네

▲ 매주 함께 성경공부 하다

가 '하나님이 매 순간 어디서나 나를 보고 계시는 것 같다'고 하지 않았니? 너는 하나님이 존재하는 걸 이미 믿고 있는 거야."

12월 31일, 애니에게서 연락이 왔다. 중국의 기독학생들이 모이는 송구영신 모임에 간다는 것이었다. 그 후, 다른 사람을 통해 그가 그 모임에서 자신이 크리스천이 된 간증을 했다는 소식을 들었다. 그가 간증하기를, 크리스마스 파티에 갔다가 마음이 움직였고, 그 후 며칠 사이에 마음에 확신이 생기면서 크리스천이 되었다고 했단다. 할렐루야!!

아마도 이 한 영혼의 구원을 위해 하나님께서 2013년 성탄 파티를 하게 하신 것 같다. 이 성탄절은 나에게도 평생 잊지 못할 성탄절로 남을 것이다. '중국 사람들은 이 전설을 믿느냐?'라는 질문 하나로 시작된 일을 통해 한 영혼이 주님의 양우리에 들어오게 된 것이다. 생각할수록 믿을 수 없을 만큼 놀라운 일이다. 나에게 그 질문을 던지도록 넌지시 나를 쿡 찌르신 것은 성령님의 역사(prompting of the Holy Spirit)였다. 💡

뒤바뀐 학생

기말고사가 끝나고 애니에게서 연락이 왔다. 빨리 만나서 성경공부를 하자는 것이었다. 그 주간 월요일은 다민이 생일이었고, 화요일에는 한국 유학생들 10명을 초대해서 저녁을 해주기로 되어 있었다. 또, 수요일엔 선교사님 한 분과 시내에서 만날 약속이 있었다. 그래서 목요일 아침으로 시간을 정했다.

첫 번째 성경공부 시간이었다. 우리는 『일대일 제자양육 성경공부』(두

란노) 교재를 가지고 '예수님은 누구신가?'라는 주제로 예수님의 인성과 신성에 대해 공부했다. 모든 것을 스펀지처럼 빨아들이면서 열심히 성경도 읽고 책도 많이 읽는 이 영혼은 나를 자주 깜짝 놀라게 했다. 내가 감당하기 벅찰 정도로 열심이었다.

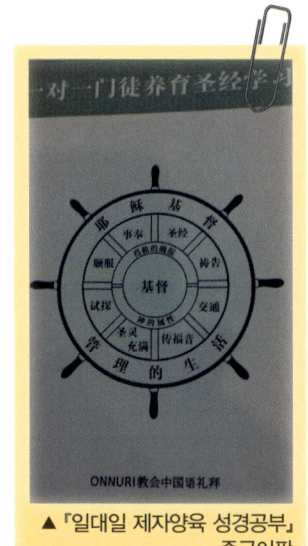
▲ 『일대일 제자양육 성경공부』
중국어판

곧 방학이었다. 방학에는 우리도 미국으로 갔다가 2월에 돌아오니 그때 공부를 계속하자고 했다. 우리가 월요일 밤 비행기로 떠난다고 했더니, 그러면 그날 아침에 오겠다고 해서 월요일에 두 번째 성경공부를 했다. 이날은 예수님이 우리를 위해 십자가에서 돌아가신 것에 대해 공부했다.

나는 애니에게 웨이신에 올린 글을 읽고 감동했다고 말하며, 앞으로 우리 같이 열심히 예수를 믿자고 했다. 그랬더니 자기는 친구들도 다 믿었으면 좋겠는데 친구들은 자기를 이해하지 못한다면서 안타까워했다. 우리가 기도하면 언젠가는 그들도 이해하고 믿는 날이 올 것이라고 위로해주었다. 그리고 지난번에 공산당에 속해 있다고 했었는데, 이렇게 웨이신에 글을 올리고 기독교인이라고 말하고 다니면 위험하지 않으냐고 물어보았다. 그랬더니 "공산당이 나한테 어떻게 하겠어요? 나를 당에서 쫓아내거나 졸업 후 취업하는 데 어려움이 있을 수 있겠지만 나는 상관없어요."라고 말하는 것이었다.

어떻게 공산당에 가입하게 되었느냐고 물어보니 초등학교 때 공부 잘

하는 애들은 자연히 공산당에 들어가게 된단다. 자기는 중고등학교 때 공산당 교육을 받을 때도 마음속으로 '저건 아닌데….' 하는 생각과 반항심이 있었다고 했다. 얌전히 생긴 작은 아가씨가 꽤 적극적이고 저항 의식도 있다는 생각이 들었다.

애니가 하나님을 깊이 알 수 있도록 손잡고 이끌어주는 것이 내가 해야 할 일이라는 마음이 들었다. 아직은 다민이처럼 깊은 정은 들지 않았지만, 사랑으로 그를 품을 때 모든 것이 아름답게 조화될 것이라고 믿었다. 이날, 애니가 웨이신에 '이모와 엉클 샘은 하나님이 나에게 보내주신 천사'라고 써서 사진과 함께 올렸다. 예전에는 나를 영희라고 불렀지만, 이제는 이모라고 부르게 되었다. 애니는 "이제 우리는 선생이 학생이 되고 학생이 선생이 되었어요."라고 말하며 웃었다.

두 번째 방학

우리가 살던 곳은 대학교가 있는 동네라서 방학이 되면 학생들이 여행 가방을 하나씩 끌고 고향으로 돌아가는 모습을 곳곳에서 보게 된다. 방학이 되면 5만여 명의 학생들로 북적대던 캠퍼스가 조용해진다. 학교 식당도 한 곳을 제외하고는 모두 문을 닫는다. 이 5만여 명의 학생들은 거의 모두 기숙사 생활을 한다. 한 방에 5명이나 6명이 룸메이트가 되는데, 룸메이트는 입학할 때 결정되어 졸업할 때까지 같이 지내며 중간에 바뀌는 일이 거의 없다고 한다. 그래서 그들은 마치 형제나 자매처럼 지낸다.

간혹 어떤 학생은 룸메이트와 서로 맞지 않아서 학교 밖에 아파트를 얻어서 살기도 하지만, 대부분은 그대로 지낸다고 한다. 처음부터 룸메이트 선택의 여지가 없는데도 아무도 이에 대해 불평하지 않고 상황을 받아들이는 것이 미국과 대조적이라고 느껴졌다. 그 많은 학생이 제각각의 자기 취향대로 선택하려고 한다면 얼마나 골치 아플까? 그래서 아예 선택의 여지를 주지 않는 모양이었고, 학생들도 이에 불평 없이 일률적인 생활에 잘 적응하는 것 같았다.

중국에서 일률적이라고 느낀 다른 하나는 출퇴근 시간이다. 미국 직장에서는 근무시간 자유 선택제도(flex time)가 있어서 아침 일찍 출근하고 오후에 일찍 퇴근하거나, 아니면 늦게 출근하고 늦게 퇴근할 수가 있다. 그런데 중국에서는 모든 직장이 일제히 같은 시간에 시작하고 같은 시간에 끝나는 것 같았다. 그래서 출퇴근 시간이 되면 차량 정체가 너무 심각하다.

방학 동안에는 우리도 학교에 머물러 있어 봐야 학생들이 다 고향에 가버리니까 아무도 만날 수가 없다. 중국 학생들은 고향에 가는 데 가까우면 몇 시간이 걸리기도 하지만, 먼 경우에는 48시간 동안 기차를 타야 하기도 한다. 이들은 여행 가방 하나를 들고서 이틀 동안 먹을 간식과 과일 등을 비닐봉지에 싸서 떠난다. 그러니 이들에게 기차로 10시간 거리는 가까운 것이다. 소수민족 식당에서 만난 세 여학생에게 저녁을 사주고 그들을 고향으로 떠나보냈다. 그들 중에서 김치광이라는 별명을 얻었던 지나에게 다음 학기에 돌아와서 같이 성경공부를 하자고 초청했다.

방학 동안 미국에 돌아갈 준비를 하던 중, 다민이를 소개해주었던 주 선생님에게서 연락이 왔다. 소수민족 여학생 두 명을 만나보겠느냐는 것이었다. 한 여학생은 몽골족이고 다른 여학생은 시보족이라고 했다. 나는 '시보족'이라는 말을 듣는 순간, 하나님이 붙여주시는 영혼이 아닐까 하는 생각이 들었다. 교회에서 12월 31일 송구영신예배 후에 소수민족을 하나씩 뽑는 시간이 있었는데, 내가 뽑은 소수민족이 시보족이었기 때문이었다.

시보족은 중국의 가장 서쪽인 신장에 모여 살고, 일부는 동북지역에 사는 약 20만 정도의 소수민족이다. 사실 그때만 해도 생전 처음 들어보는 종족인지라 마음에 크게 감동이나 관심이 일어나지 않았다. 그래서 기도도 안 하고 있었는데 이렇게 시보족 학생을 만나게 된 것이었다.

두 여학생과 식당에서 만나서 저녁을 먹고 커피숍에 가서 이야기를 나누었다. 얘기를 들어보니 시보족 학생은 한국말을 배우고 싶어 하고, 몽골족 학생은 영어회화를 하고 싶어 했다. 한국 사람인 우리를 만난 것이 좋은 모양이었다. 그들의 연락처를 받아놓고, 다음 학기에 만날 것을 약속했다.

💡 **선교란?**

- 선교사는 씨 뿌리고 물을 주며 전도 대상자의 마음 토양을 바꾸는 일에 전념하면, 하나님께서 하나님의 때에 열매를 맺게 해주신다.
- 하나님의 시간표와 나의 시간표는 동일하지 않다.
- 선교사는 피전도자가 스스로 말씀을 먹고 말씀에 뿌리내리도록 돕는 역할을 한다.
- 기독교의 중요한 절기는 기독교를 알리는 좋은 기회가 된다.
- 피전도자를 건전한 현지교회에 연결시켜 주는 것이 중요하다.
- 전도 대상자의 특별한 날(생일, 졸업 등)을 기억해서 축하해주는 일은 그의 마음 문을 여는 한 가지 방법이 될 수 있다.
- 카카오톡 같은 현대 테크놀로지를 선교에 마음껏 사용하자.
- 공식적으로 전도가 금지된 나라에서 개인 전도는 일대일로 하는 것이 효과적이다.
- 성령이 우리에게 알려주신다. 성령이 주시는 생각과 아이디어에 민감하게 반응하자.
- 성령님은 때때로 넌지시 쿡 찌르며 말씀하신다(Holy spirit's prompting).

Chapter 4
말씀의 물을 주다

한 학기 연장하다

2013년 2월에 처음 중국으로 떠날 때 우리는 중국에서 1년간 선교하기로 계획했었다. 그런데 두 번째 학기를 지내다 보니 그동안 만난 영혼들을 두고 훌쩍 떠난다는 것이 도무지 내 마음에 허락되지 않았다. 모든 관계나 양육 과정이 아직 진행 중이어서 어떤 끝맺음을 하는 단계에 오지 않은 느낌이었다. 남편도 같은 생각이라고 해서 우리는 한 학기를 더 있기로 했다.

이곳에서 두 학기를 보내면서 대학생을 대상으로 하는 캠퍼스 사역은 그 특유의 주기(cycle)가 있다는 것을 알게 되었다. 학기가 시작되어 학생들이 속속 돌아오면 처음 한두 주는 그들이 학기를 준비하느라 바쁘고, 학기 말이 다가오면 기말시험 준비와 집에 갈 생각으로 바쁘기 때문에 그들의 마음과 시간을 잡기가 힘들다. 그래서 한 학기는 잘해야 12주인데, 휴일과 학교 행사 등을 빼면 보통 10주 동안 집중해서 그들과 양육하는 시간을 갖거나 무얼 할 수 있는 것 같다. 이런 스케줄을 4년간 반복하다 보면 학생들은 졸업해서 떠난다. 이렇게 반복되는 주기를 잘 고려해야 한다는 생각이 들었다.

우리도 방학에는 미국으로 돌아왔다. 우리 같은 시니어에게 잠시나

마 집에 돌아오는 시간은 여러모로 소중하다. 손주들을 만나 함께 시간을 보내며 할머니, 할아버지가 건재함을 보여줄 수 있는 기간이기도 하다. 또, 나의 경우에는 3, 4개월마다 의사를 만나야 하므로 방학에 집에 돌아오면 건강 체크를 하고 복용하는 약도 새로 준비해 가지고 간다. 선교지에서 필요한 교재 등을 준비해가기에도 좋고 기도의 동역자들을 반갑게 만나 새 힘을 얻는 데도 좋다.

시니어 선교사는 이렇게 방학마다 귀국한다거나, 1년의 6개월은 선교지에서, 6개월은 본국에서 보내는 것도 좋은 방법인 것 같다. 💡 파송 교회나 성도들의 측면에서도 시니어 선교사가 돌아와서 선교지의 따끈따끈한 소식을 전해줄 때 현장감을 가질 수 있다고 본다.

하루는 큰손녀의 등을 긁어주며 잠을 청하고 있는데 손녀가 "할머니!" 하고 불렀다. "응?" "할머니는 왜 중국에 가세요?(Why do you go to China?)" "응, 할머니는 예수님을 모르는 사람들에게 예수님 이야기를 해주고, 예수님을 믿게 하려고 중국에 가는 거야." 그랬더니 알았다고 고개를 끄덕였다. 어느덧 손녀들은 매일 밤 자기 전에 할머니, 할아버지를 위해 기도하는 동역자가 되었다.

중국 선교에 다녀온 이야기를 어느 교회의 성경공부반에서 나눌 기회가 있었는데, 선교지에서 어떤 부분이 가장 힘들었느냐는 질문을 받았다. 나는 서슴지 않고 기후 적응이라고 대답했다. 현지 음식, 공해, 화장실 같은 일상생활의 환경 등은 나 자신이 어느 정도 조절하고 적응할 수 있었지만, 현지의 기후는 나에게 가장 힘든 부분이었다.

우리가 살던 곳은 습기가 많아서, 겨울이면 뼛속까지 으슬으슬 추웠다. 한국의 막냇동생이 제습기를 사준 것이 큰 도움이 되었다. 겨울에는 늘 어깨와 몸을 움츠리고 지내고 목에는 늘 목도리를 감고 살았다. 반면에 시카고 날씨는 우리가 살던 중국보다 매섭게 춥지만, 잘 지어진 집과 좋은 난방 시설 덕분에 몸을 따뜻하게 녹일 수 있었다.

2014년 2월, 우리는 세 번째 학기를 기대하며 다시 중국으로 돌아왔다. 공항에서 아파트로 들어가는데, 1년 전 이곳에 올 때와 지금의 모습이 비교되었다. 그때는 낯선 곳을 찾아가는 길이었고 여러 가지가 불확실하고 정해진 것이 없었다. 하지만 지금은 내 집 찾아 들어가듯 공항에서 아파트로 스스로 찾아 들어가고, 이곳에서 만날 사람들도 있고 할 일도 기다리고 있었다. 아파트에 들어오니 내 집에 온 느낌이었다.

새 생명이 태어나다

개학이 되어 다민이도 학교로 돌아왔다. 다민이와 우리 집에서 만나 서로 반갑게 이야기를 나누었다. 방학 동안에 고린도전서 13장을 인용한 문자도 보내왔었기에, 고린도전서까지 그렇게 성경을 많이 읽었느냐고 물었더니, 그냥 순서 없이 읽었다고 했다. 그러면서 "기독교는 사랑이라는 걸 알았어요. 그리고 왜 크리스천들이나 미국 사람들이 두려움이 없는지 알겠어요."라고 하는 것이었다.

나는 너무 기뻤다. '아, 이제는 다민이의 마음속에서 이슬람과 기독교 간의 갈등이 끝나가고 있구나. 다민이가 기독교를 인정하는구나.'라고 생각되었다. "그럼 이제 나하고 성경공부를 하겠니?" 했더니, 하겠다고 대답하는 것이었다! 그날 밤 다민이가 돌아간 후, 나는 얼마나 기쁨과 감사의 눈물을 흘렸는지 모른다. 눈물과 콧물을 흘려가며, "아버지 감사합니다, 아버지 감사합니다."라고 기도했다. 그 말밖에 할 수가 없었다. 2월 28일이었다.

우리는 세 번째 학기 동안 『일대일 제자양육 성경공부』 교재로 공부했다. 예수님의 신성과 인성에 대해서와 예수님께서 우리 죄를 위해 돌아가시고 부활하심에 대해서 공부했다. 구원의 확신을 다시 확인하고, 하나님의 속성에 대해 배우며, 크리스천으로 성장하는 데 필수적인 성경과 기도, 예배, 성도 간의 교제 등에 대해서도 공부했다.

다민이가 2013년 5월 24일에 예수님을 영접한 후 이슬람과 기독교 사이에서 고민할 때, 나는 이런 기도를 했었다. "하나님, 제가 뭔가 부족하게 전했더라도 새 생명이 잉태되었으니, 이제 열 달을 잘 품어서 새 생명으로 태어나게 해주세요." 어느 날 나는, 다민이가 예수님을 영접한 날부터 기독교를 인정한 날까지 얼마나 오랫동안 나의 애간장을 태웠는지 호기심에서 그 날수를 세어보았다. 정확하게 40주였다! 나는 소름이 끼칠 정도로 놀랐다. 하나님께서는 그렇게 정확하게 일하신 것이다.

우리는 7월이면 귀국하기에, 이번 학기 동안 우리가 꼭 해야 할 일은 다민이가 계속해서 믿음생활을 하도록 신앙의 공동체를 찾아 연결해주는 일이었다. 우리는 여기저기 알아보다가 한 가정교회를 알게 되었고, 연락해서 그를 데리고 예배에 참석했다. 우리 아파트와 학교에서 멀지 않은 곳에 10여 명이 모여 예배를 드리고 있었는데, 중국인 지도자도 한국 선교사의 가르침을 받아 올바른 신앙관을 가진 분이라서 안심이 되었다. 이제는 이 새 생명이 혼자 서서 걸음마를 하고, 믿음이 자라도록 이끌어주는 일이 나의 할 일이었다. 💡

자녀를 낳아 키울 때 미국에서는 보통 18살이 되어 대학에 갈 때까지 같이 살면서 믿음을 키워줄 수가 있다. 그런데 영적으로 갓 태어난 영혼인 다민이를 이렇게 빨리 혼자 두고 간다고 생각하니 시간이 너무나 아쉬웠다. 그러나 하나님 아버지께서 당신의 아들을 보호하시고 잘 인도해주시리라 믿으며 기도하고 맡긴다.

부활절의 세례식

크리스마스에 예수를 믿게 된 애니와는 2월에 새 학기가 시작하자마자 일대일 공부를 지속했다. 3월 초 어느 날, 애니가 느닷없이 나에게 "세례는 언제 받는 거예요?"라고 물어왔다. 애니는 자주 나를 놀라게 했다. 나는 양육 공부에만 집중하고 있었는데 이런 질문을 받으니 나보다 애니가 한 발짝 더 먼저 가는 느낌이 들어 당황스럽기도 했다. 나는 한번 알아보고 알려 주겠다고 했다.

나는 목사도 아닌 데다 처음 겪는 일이니 어찌해야 할지를 몰랐다. '누구한테 세례를 받아야 하지? 어디 가서, 어느 교회에서 받아야 하지? 애니는 이번 학기가 끝나면 직장이 정해지는 곳으로 떠날 테니 이곳의 가정교회와 연결해서 세례를 받는 것도 그렇고…' 이런 일은 준비는커녕 생각조차 해보지 않았던 일이었다. 우리는 이곳에서 십여 년간 사역하신 선교사님과 상의한 끝에 그분에게 세례를 부탁하기로 했다. 그리고 양육 공부가 끝날 즈음에 우리 아파트에서 세례식을 베풀기로 했다.

이렇게 해서 애니는 부활절 주일에 세례를 받았다. 애니는 자기 친구들을 불렀고 우리는 김 장로님 부부와 다민이를 불렀다. 다민이에게는 '너의 신앙 단계 중 다음 단계는 이럴 것이다.'라는 것을 보여주고 싶었다. 세례예배 중 애니가 좋아하는 찬양 두 곡을 다 같이 부르고, 기도하며 세례를 베풀었다. 세례 후에는 성찬도 했다.

참석한 친구들에게는 부활절 메시지로 장식한 달걀과 사탕 바구니를 선물로 주었다. 애니도 인터넷에서 구입한 십자가 모양의 책갈피를 참

▲ 애니가 세례 받은 날

▲ 애니와 함께

▲ 부활절 달걀 바구니

석자 모두에게 선물로 나눠주었다. 우리는 모두 가까운 고급 식당에 가서 저녁 식사를 하고 헤어졌다.

그날 애니는 이런 간증을 했다. 자기는 지금까지 살면서 죽고 싶다는 생각을 할 정도로 힘들었던 때가 세 번 있었다고 했다. 불교든 기독교든 뭐든지 하나를 믿어야겠다는 생각을 하고 있었는데, 그즈음 우리를 만났고 크리스마스 파티를 통해 예수를 믿게 되었다는 것이다. 예수를 믿고 난 후 지금은 외롭지 않고 마음에 기쁨이 있단다. 그러면서 자신은 크리스마스에 예수님과 약혼했고, 부활절에 결혼한 것이라고 했다. 아름다운 비유였다.

애니의 영혼이 구원받은 타이밍(timing)은 참으로 놀라울 뿐이었다. 갈급했던 영혼에게 한마디의 질문을 던짐으로 우리가 만나게 되었고, 그 영혼이 선한 목자이신 예수님을 만나서 자신의 신앙을 공포하는 이 자리까지 오게 된 것은 하나님만 구성하실 수 있는 드라마였다. 그렇다. 선교는 하나님께서 주어(主語)가 되어 선교의 주체로서 엮어내시는 드라마다. 💡 그 드라마에서 우리는 하나님이 사용하시는 조연배우(Extra)일 뿐이다.

학기가 끝나고 애니는 논문을 잘 마쳐서 자기 고향이 있는 K성에 소재한 사립 중학교의 중국어 교사로 취직이 되었다. 그곳의 아는 현지 목사를 통해 가정교회를 소개해주었더니, 열심히 교회에 나가고 기타도 배워서 찬양팀에서 봉사하고 있다 . 또, 성경도 열심히 읽는다. 감사하다. 친구들이 그를 보고 예수 믿고서 변했다고 한다니 그 또한 감사하다.

그는 초신자의 뜨거운 마음을 가지고 말하기를, 중국교회에 지도자들이 부족하니 신학 공부를 해서 섬기고 싶다고도 했다. 그래서 지금은 신앙생활과 직장생활을 하는 가운데 신앙도 더욱 성숙해지고 하나님의 인도하심을 기다리는 것이 좋을 것이라고 권면했다.

중국 기독교인은 여자 신도가 남자 신도보다 더 많다. 예전의 한국과 다름없는 것 같다. 그래서 애니와 같은 자매들이 예수를 믿은 후 믿는 형제를 만나기가 너무 어렵다는 것이 안타깝다.

애니의 간증

미국에 돌아와 살면서 최근에 애니와 연락을 했다. 내가 요즘 중국에서 살았던 시간에 대해 책을 쓰고 있다고 하면서, 혹시 네가 우리를 만났던 일에 대해서 한마디 쓰고 싶으냐고 물었다. 그랬더니 좋다고 하면서 당장 아래의 글을 써 보내왔다.

2014년에 나는 석사과정을 공부하고 있었다. 내 전공은 외국인에게 중국어를 가르치는 '대외 중국어'인데, 이것을 전공하는 학생들은 졸업 후 모두 태국이나 외국에 가서 가르치는 것이 통상적이었다. 나도 2년 동안 그 기회를 애타게 기대하고 있었다.

그러나 일은 내가 원하는 대로 되지 않았다. 건강 문제로 인해 나는 외국에 나가서 가르칠 수 없다는 것이었다. 나는 울면서 신에게 불평하던 중 (그 당시 나는 신이 있는지도 몰랐지만, 만약 있다면 나는 신을 증오했다.) 내가 다니던 대학에서 가르칠 기회를 얻었다. 그때 나는 영희 이모를 만났다. 그는 내 학생 중 한 명이었다.

하루는 클래스에서 학생 한 명이 '누와' 이야기를 했다. 누와는 인간을 창조했다는 중국 신화에 나오는 여신이다. 이야기가 끝난 후에 영희 이모가 호기심에 찬 얼굴로 나에게 물었다. "중국 사람들은 이 누와 이야기를 믿느냐?" 나는 단호하게 머리를 흔들며, "아니, 중국 사람들은 아무 것도 안 믿는다."라고 했다. 미국 남학생이 나에게 다른 질문을 던졌다. "당신은 믿느냐?"라고. 나는 반복해서 "중국 사람은 아무 것도 안 믿는다."라고 했더니, 그 학생이 "다른 중국 사람과 상관없이 나는 당신한테 묻는 것이다. 당신은 믿느냐?"라고 물었다.

나는 그때서야 그 질문에 대해 생각해보았다. 나한테 어떤 믿음이라는 것이 있나? 그때가 2013년 크리스마스 즈음이었다. "아니, 나는 아무 것도 믿지 않는다. 그러나 믿고 싶다." 반에 있는 모든 외국인 학생들 앞에서 나는 그렇게 대답하며 하나님의 문을 두드렸다.

영희 이모의 손을 통해 하나님은 나에게 문을 열어주셨다. 성경 말씀대로였다. "구하라 그리하면 너희에게 주실 것이요 찾으라 그리하면 찾아낼 것이요 문을 두드리라 그리하면 너희에게 열릴 것이니"(마태복음 7:7). 우리는 오랫동안 같이 성경공부를 했다. 그리고 나는 2014년 4월 20일에 세례를 받았다. 졸업 후에는 K시에 정착했고, 영희 이모와 엉클 샘이 그곳에 와서 1년간 영어와 성경을 가르칠 때 우리는 가끔 만났다. 나는 이 두 사람이 나를 위해서 한 일에 대해 진심으로 고맙다. 이 두 사람은 하나님이 나에게 보내신 천사였다. 그들이 오지 않았더라면, 나는 어두운 삶에서 빠져나오지 못했을 것이다. 예수님이 있는 곳에는 빛이 있다. 하나님, 감사합니다!

It was in 2014 when I was working hard for my master's degree. It is a usual custom that all students in my major should go teach in Thailand or other countries. (My major is Teaching Chinese to Speakers of Other Languages.) I was expecting it deadly for two years. But things were not going as I wanted. I was told I could not go teach abroad because of my health. I kept weeping and complaining to God (I didn't even know if there was God that time, but if there was, I thought I hated him.) until I got a chance to teach in my own college. Then I met Aunt Younghee. She was one of my students.

One day a student was telling a story of Nu Wa (a goddess in Chinese mythology who created human beings) in the class. After the story, Aunt Younghee asked me a question with a face of curiosity, "Do you Chinese believe in that story of Nu Wa?" I shook my head decisively, "Nope, Chinese believe in nothing." Another American boy asked me another question, "But do you believe?" "Chinese believe in nothing." I repeated. The American student asked again, "I don't care other Chinese. I mean you, just you. Do YOU believe?"

I started to think about it. Do I have a belief? It was nearly Christmas of 2013. I said the words that totally changed my life. "No, I believe in nothing, but I hope I do." I answered, in front of all my foreign students, and knocked the door of God.

God opened the door for me with the hand of Aunt Younghee. Just as the Bible says, "Ask and it will be given to you; seek and you will find; knock and the door will be opened to you"(Matthew 7:7).

We studied Bible together for a long time, and then I got baptized on 20th April, 2014. After I graduated I settled in K city, and Aunt Younghee and Uncle Sam came there and taught Bible and English for one year. We met each other sometimes.

I so appreciate what they did for me. They are angels God sent to me. If they didn't come, I can't get out of my dark life. Where there is Jesus, there is light. Thank God!

준비된 토양

애니가 하루는 친구를 데려오겠다고 했다. 둘이 우리 집에 와서 저녁을 먹고 이런저런 이야기를 나누었다. 애니의 친구는 태국에서 중국어를 가르치고 있는데, 자기 남자 친구에게 다른 여자 친구가 생겨서 남자 친구와 헤어졌기 때문에 상심하고 있다고 했다. 그러면서 애니가 예수님을 믿고 기쁨이 넘치는 것을 보니 부럽다고 했다.

그래서 나는 "너도 예수님을 영접하고 기쁨이 넘치는 삶을 살 수 있어."라고 하며, 사영리를 같이 읽고 복음을 전했다. 그랬더니 그 자리에서 예수님을 영접하고 영접 기도를 했다. 2014년 5월 8일이었다. 일주일 후면 태국으로 돌아갈 텐데 영접만 시켜놓으면 어떡하나 하는 생각도 들었지만, 자라게 하시는 분은 하나님이심을 믿으며(고전 3:7) 이 자매에게도 성경책에 시편 119편 105절 말씀을 적어서 주었다.

나중에 소식을 들으니 태국에 돌아가서 태국인 크리스천 친구와 함께 교회도 나가고 미국에서 온 한국계 미국인 자매와 함께 1년간 성경공부를 했단다. 하나님이 이 자매를 무척 사랑하시는가 보다.

나는 그 친구가 그날 그렇게 쉽게 예수님을 영접한 것이 너무 신기해서 어떻게 그렇게 수월하게 예수님을 믿기로 했느냐고 물어보았다. 그랬더니 G시에서 대학에 다닐 때 주말이면 학생들 여러 명이 크리스천인 미국인 자매 집에 가서 교제했단다. 그때 자기는 그냥 그 집에 가서 맛있는 빵이나 과자를 먹으며 시간을 보내는 것이 좋아서 갔는데, 예수는 안 믿었다는 것이었다.

그렇다. 토양을 준비하는 사람, 씨를 뿌리는 사람, 물을 주는 사람이다 다를 수 있다. 💡 나는 이미 준비된 토양에 복음의 씨를 뿌렸을 뿐이고, 후에 다른 사람이 그를 말씀으로 양육시킨 것이다. 그런데 최근 그가 다시 G시로 돌아와서 직장생활을 하는데, 교회에 안 나가고 있다는 안타까운 소식을 들었다. 여러 사람을 통해 그의 영혼을 구원하신 하나님께서, 이 자매를 다시금 주의 길로 인도하실 줄 믿고 기도한다.

소수민족 여학생

겨울방학 전에 만났던, 신장에서 온 소수민족 여학생 둘과는 학기가 시작되면서 개인 교제를 시작했다. 먼저 이들을 같이 집으로 초대해서 함께 김밥을 만들며 대화를 나누었다. 영혼 구원을 위해 만날 때는 한 사람씩 일대일로 접근하는 것이 가장 효과적이라는 것을 경험했기에, 이들을 서로 다른 날인 화요일, 목요일에 각각 집으로 오게 했다.

몽골족 여학생은 활발하고 노래를 잘했다. 우리는 같이 이야기를 나누고, 밥도 먹고, 내가 키보드를 치면서 '좋으신 하나님' 등의 쉬운 찬양도 가르쳐 주고 같이 불렀다. 영어공부는 지난번 다민이 때처럼 잠언으로 진행했다. 이들의 마음이 순수해서일까? 이 여학생도 곧 예수님을 영접했다. 예과 학생들은 학교 공부가 그리 어렵지 않기 때문에 남는 시간이 있어서 파트타임 일을 찾았단다. 용돈을 벌어서 친구들과 여행을 할 계획이라고 했다.

말 타는 몽골족의 기질이 있기 때문일까? 아주 적극적이고 씩씩했다. 어렸을 때 자기가 동네에서 뽑혀서 몽골 춤을 추곤 했다면서, 특별히

▲ 김밥 만들기

이모에게만은 보여주고 싶다고 춤을 보여주기도 하고 나에게도 가르쳐 주었다. 이 학생의 전공은 정치학이었는데, 졸업 후에는 고향에 가서 학교에서 정치 과목을 가르칠 것이라고 했다. 중국에서 정치 과목이라면 바로 학생들에게 마르크시즘(Marxism)인 공산주의를 가르치는 것인데….

시보족 학생의 이름은 혜원이었는데, 예쁘고 얌전했다. 우리 집에 오면 함께 이야기를 나누며 같이 밥을 먹고 난 후, 한글 교재를 가지고 한글을 가르쳐 주었다. 혜원이는 한국 드라마를 너무 좋아해서 한글을 배우고 싶어 했다. 나는 한류가 세계 선교에 큰 몫을 한다고 생각한다. 동남아 어디를 가든지, 심지어 중동에서도 많은 사람이 한국 드라마를 열심히 보고 좋아하는 것을 보았다. 이들은 한국에 대해 호감이 있고 호기심이 있어서, 우리가 한국 사람이라고 하면 반기면서 우리와 얘기하

고 싶어 한다. 이처럼 미디어 매체가 선교의 좋은 접촉점이 되는 것을 나는 많이 경험했다. 💡

그래서 나는 기독교 정신이 담긴 한국 드라마가 많이 나오기를 소원한다. 직설적인 어휘를 사용하지 않고도 간접적으로 하나님의 사랑을 전달하는 드라마가 많이 만들어져서 세계로 퍼져나가게 되고, 그것을 보는 사람들의 마음에 스며들어가기를 간절히 소망한다. 이것은 나의 오랜 소원이다. 이 매체는 국경을 뛰어넘고, 문화와 세대를 뛰어넘고, 종교의 갈등까지도 뛰어넘는다. 그래서 하나님의 사랑을 전달할 수 있는 힘을 가지고 있다.

나는 혜원이에게 한글을 가르쳐 주면서 그 대신 나에게도 중국어를 가르쳐 달라고 했다. 자신은 중국어를 가르칠 교재가 준비되지 않았다고 하기에 염려 말라고 하고, 중국어판 일대일 제자양육 교재로 공부하자고 했다. 그가 교재의 중국어를 읽으면 내가 따라 읽었다. 내 발음도 고쳐주었다. 교재에 나오는 질문도 읽고서 내가 답을 묻거나 설명해주었다. 성경 구절도 같이 찾아 읽었다. 중간에 추가 설명이나 추가 질문을 하기도 했다.

이렇게 해서 첫날에는 '예수님은 누구신가?'라는, 예수님의 신성과 인성을 다룬 내용의 1과를 마쳤다. 두 번째 날에는 2과, '예수님이 무엇을 하셨나?'에서 예수님이 가르치시고, 말씀을 전하시고, 병을 고치신 사역과, 우리의 죄를 위해 십자가에 못 박혀 돌아가신 것을 공부했다. 내가 중국어를 잘하지 못해도 본인이 책의 내용과 질문, 성경 구절을 중국어로 다 찾아 읽었으니 자연히 성경공부가 된 셈이었다. 우리 모두 죄인이라는 대목이 나왔을 때 내가 물어보았더니 자기도 죄인에 포함된다고 대답했다.

세 번째 날에는 예수님이 죽으신 후 사흘 만에 부활하신 내용을 공부했다. 제4과를 공부한 넷째 날에는 이러한 예수님을 믿으라고 초청했다. 이 자매는 마음을 열고 응답했고, 6월 2일에 예수님을 영접했다.

학기가 끝나는 날이 가까워져 오자 학생들은 시험 준비와 고향으로 돌아갈 준비로 바빠졌다. 우리도 미국으로 완전히 돌아가게 되기 때문에 이 두 학생은 영접은 시켰지만 오래 보살필 수가 없었다. 그리고 아무리 따로 한 명씩 공부를 했어도 둘이 친구이기에 둘이 서로 영향을 주고받는 것 같았다. 혜원이는 모든 일에 리더십이 있는 몽골족 학생을 졸졸 따라 했다.

기관지염을 앓다

세 번째 학기는 나에게 아주 바쁜 기간이었다. 다민이, 애니, 몽골족 학생, 시보족 혜원이, 이렇게 일주일에 네 번이나 학생들을 만나다 보니 각 학생의 공부와 식사 준비로 바빴다. 결국, 피로가 겹치더니 감기에 걸리고 말았다. 기침이 너무 심해져서 잠을 잘 수도 없을 뿐 아니라 누워 있을 수도 없었다. 밤에는 일어나서 소파에 앉은 채로 잠을 청하기도 했다. 다민이와 같이 약국에 가서 약을 사 먹었지만, 기침은 여전했다.

다민이는 병원에 가보라고 했지만, 병원이 어딘지도 모르는데다가

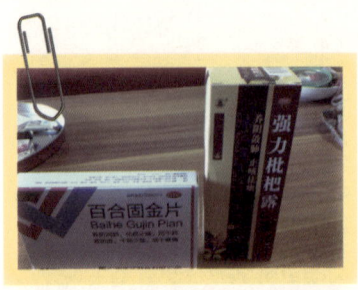

▲ 중국 기침약

중국 병원에 대해 들었던 부정적인 이야기들 때문에 선뜻 마음이 내키지 않았다. 그냥 약만 먹고 낫기를 바라며 견뎠지만, 기침은 점점 심해져 갔다. 수업 중에 기침이 쏟아지면 교실 밖으로 나가서 기침하고 들어오기도 했다. 그러다 보니 같이 공부하는 친구들에게 눈치도 보이고 기침이 너무 심해서 도저히 견딜 수가 없었다. 그래서 하루는 수업 중에 일찍 나와서 물어물어 학교 병원을 찾아갔다.

수속하고 진료비를 내고 의사를 만나는 것까지는 혼자 했는데, 의사가 청진기를 대 보고 나서 뭐라고 하는데 도무지 무슨 말인지 알 수가 없었다. 나는 종이에 적어 달라고 하고 적어준 것을 사전에서 찾아보니 기관지염이라는 것이었다. 그런 후에도 또 뭐라고 하는데 알아들을 수가 없었다. 그 여의사가 답답해하며 뒤의 환자도 보아야 하니 돌아갔다가 통역을 데리고 다시 오라고 했다. 말이 안 통하니 답답하고 귀찮을 텐데도 이 의사는 외국인 노인인 나에게 최대한 참을성 있게 대해주었다. 나는 할 수 없이 다민이에게 전화해서 통역을 부탁했다. 의사의 말은 링거를 맞으라는 것이었다.

의사가 이제 점심시간이 되니 주사를 맞으려면 오후 2시에 다시 오라고 했다. 중국 병원에서 주사를 맞아도 되는지 약간 겁이 났다. '주삿바늘은 새것을 쓸까?' 그런 생각도 들었다. 다민이가 자기가 병원으로 오겠다며 기다리라고 하더니 점심도 못 먹고 달려왔다. 중국에서는 감기나 아플 땐 다 링거를 맞으니 맞는 게 좋겠다고 하며 나를 집으로 바래다주었다. 둘 다 점심도 못 먹은 터라 집에서 가까운 만두 가게에서 만두를 먹었다. 걱정스레 나를 바라보는 다민이를 보니 갑자기 눈물이 주르르 흘렀다. 왜 그랬는지 나도 모르겠다. 아마 몸이 힘드니 마음도 약해졌던 모양이었다. 그냥 슬펐던 것 같다.

 오후에 다시 병원에 가서 항생제가 들은 링거를 한 시간에 걸쳐 맞고 돌아왔다. 큰 방에 침대가 대여섯 개 나란히 있는데, 학생들도 아프다고 들어와서 쉬거나 링거를 맞은 후 나가기도 했다. 나도 링거를 꽂고 누워 쉬었다. 새 주삿바늘을 쓰는 것을 확인하니 안심이 되어 잠이 들

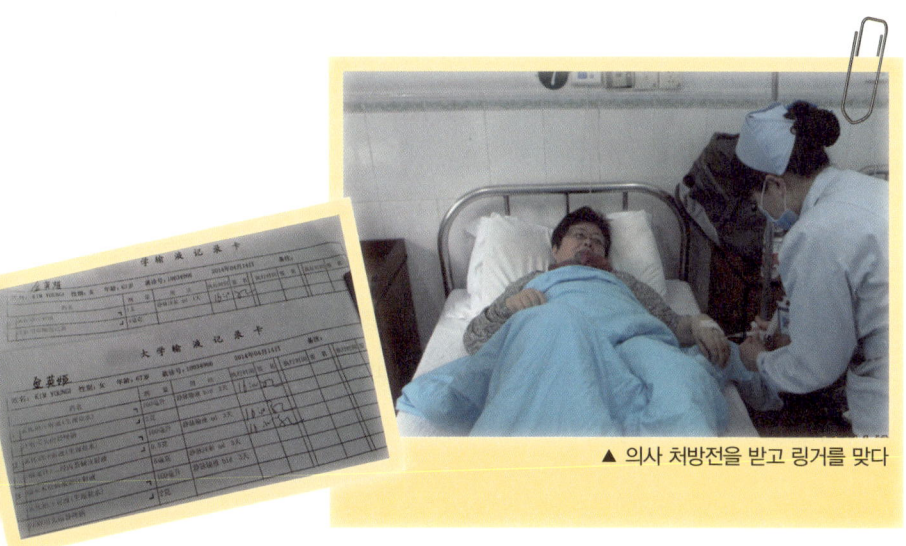

▲ 의사 처방전을 받고 링거를 맞다

었다. 신기하게도 그날 밤에는 누워서 잘 수 있을 만큼 기침이 나아졌다. 중국 병원이 신통한 건지, 아니면 항생제의 강도가 아주 세서인지 모르겠다. 다음 날과 그다음 날에도 병원에 가서 총 세 번의 링거를 맞고 나니, 기침도 멎고 기관지염도 나은 것 같았다.

망설이는 영혼

새 학기가 되어 김치광이라고 부르던 지나와 개인 교제를 시작했다. 중국어를 전공하는 학생이기에 학교 식당에서 만나서 내가 쓴 작문을 고쳐 달라고 부탁하기도 하고, 우리 집에 개인적으로 오게도 했다. 친구들과 떼어 따로 만나는 것이 조금 마음에 걸렸지만, 일대일의 전도 원칙을 따라 한 명씩 집중하기로 했다. 김치와 한국 드라마를 좋아하고 '예수' 영화도 같이 보았으니 얘깃거리는 많았다.

예수님에 관해 이야기를 해주며 사영리를 한번 해보자고 권했다. 사영리를 읽어가다가 두 가지 원으로 묘사된 삶의 그림 부분에 왔다. 내가 주인인 삶과 예수님이 주인인 삶 중에 어떤 것을 선택하고 싶으냐고 물었다. 지나는 이렇게 대답했다. "예수님을 내 삶에 모신다고 해도 내 인생의 문제는 내가 결정하는 그런 삶을 살면 안 되나요?" 자신의 삶을 온전히 예수님께 맡기기(total surrender)가 힘들다는 뜻이었다. 영접 단계에 이르자, 그저 단순히 믿는 것보다는 좀 더 잘 알고 나서 믿고 싶다고 했다. 이 학생은 졸업하면 중국어 선생이 되는데 정부에서는 종교를 못 갖게 하기에 기독교인이 되면 취업에 영향을 미칠까 걱정도 되는 모양이었다.

나는 예수님과 기독교에 대해 좀 더 알기 위해서는 성경을 읽는 것이 좋은 길이라고 말하며, 먼저 요한복음을 읽어보자고 했다. 그랬더니 만나서 같이 읽는 것보다 혼자 읽고 질문을 써 오겠다고 했다. 지나는 매일 열심히 성경을 읽고 공책에 많은 질문과 소감을 적어왔다. 서로 나누고 내가 대답할 수 있는 것은 대답해주었는데, 그 학생은 영어가 부족하고 나는 중국어가 부족해서 다 얘기할 수 없는 것들도 있었다.

그래서 한번은 어느 선교사님께 부탁해서 신앙에 관한 질문을 마음껏 묻고 설명해주는 시간을 가졌다. 그 선교사님이 유창한 중국어와 십여 년간 학생 사역의 경험으로 지나에게 설명을 잘 해주셨는데 그는 아직도 예수님을 영접하지 못했다. 성령의 감동이 있어야 믿음의 결단을 할 수 있다는 것을 보았다. 💡

믿을 수 있다는 것은 은혜다. 지나는 학교를 졸업하고 지금은 고향에 가서 중국어 선생님이 되었다. 지금도 전화하면 공손하게 대화하지만, 그의 영혼은 아직 양우리에 들어오지 못했다.

1년 반의 결실

1년 반의 시간을 선교지에서 보내고 우리는 미국으로 돌아가게 되었다. 우리보다 1년 먼저 오신 김 장로님 부부에게는 늦게 온 우리가 먼저 떠나는 것이 미안한 마음이었다. 가는 사람은 몰라도 남아 있는 사람에게는 빈자리가 크다는데….

보통 선교사들은 선교지에서 4년을 보내고 안식년을 갖는다. 환경이 열악한 선교지에 계신 분들은 3년 후에 안식년을 갖는다는 말을 들었다. 나는 농담으로, 시니어 선교사는 그 절반인 1년 반 후에 안식년을 갖는 것이라고 했다.

돌아가기 이틀 전, 한인 교회의 금요예배에서 간증을 나누었다. 선교지에서 보낸 1년 반의 생활과 우리의 마음이 잘 요약되어 있기에 그대로 소개한다.

지난 1년 반 동안 교회에 출석하며, 주일예배의 찬양 시간에 자주 눈물을 흘렸던 기억이 납니다. 그 눈물은 때로는 하나님의 은혜에 감사하는 눈물이었고, 때로는 간구의 눈물이었습니다.

저희 부부는 짧은 시간 잠시 왔다 가는 손님 교인이었지만 '내 교회'라는 마음을 가지고 다닐 수 있어서 감사했습니다. 그래서 왕복 4시간이 걸리는 거리를 매주 열심히 다녔고, 하나님께서 많은 은혜를 주셨습니다. 제가 한 영혼을 위해 섬기다가 벽에 부딪혀서 어찌할 바를 모를 때, 하나님께서는 주일 설교 말씀을 통해 제게 말씀해주시기도 했습니다.

송구영신예배 후에 기도할 소수민족의 이름을 뽑는데, 저는 시보족을 뽑았습니다. 생전 들어보지도 못했고 관심이 없던 민족이어서 기도도 아직 시작하지 않고 있었습니다. 그러던 1월 8일, S대학의 한 여학생을 만나서 저녁을 먹는데 자기가 시보족이라는 것이었습니다. 그래서 하나님이 붙여주신 영혼이라는 생각으로 계속 만나며 교제했고, 그 학생은 예수님을 영접했습니다.

지난 1년 반 동안 저희는 S대학에서 학생들을 만나며 그들을 섬겼습니다. 그동안 6명의 학생이 예수님을 영접했고, 그중 두 명과는 양육과정에 들어가서 일대일 성경공부도 했습니다. 성탄 파티에서 감동을 받아 예수님을 믿은 자매는 부활절에 세례를 받았습니다. 이곳에서 사는 동안 저는 하나님이 놀랍게 일하시는 것을 경험했습니다. 왜 하나님이 부족한 저에게 이런 귀한 경험을 갖게 하시는지 때로는 두렵고 떨리는 마음으로 영혼들을 대하곤 했습니다.

요한복음 10장에서 예수님은 "나는 선한 목자라"(요 10:11)고 하시며, 16절에서 이렇게 말씀하셨습니다. "또 이 우리에 들지 아니한 다른 양들이 내게 있어 내가 인도하여야 할 터이니 그들도 내 음성을 듣고 한 무리가 되어 한 목자에게 있으리라." 이 말씀을 읽을 때 하나님의 마음이 저에게 와 닿았습니다. 아직 우리에 들지 않은 다른 양, 선한 목자 되신 예수님을 모르는 양, 소위 우리가 말하는 잃어버린 영혼에 대한 예수님의 마음이었습니다. '그들도 내 음성을 들어야 하는데….' 하고 측은하게 바라보시는 예수님의 마음이 느껴졌습니다. 저희는 그 마음을 가지고 이 땅에 왔습니다.

그래서 S대학에 등록해서 중국어를 배우면서 학생들을 만나고, 그들을 섬기며, 그들에게 예수님을 알게 하는 일에 열심을 다했습니다. 일주일에 두세 번, 때로는 네 번씩 밥을 해서 식탁의 교제를 나누며 학생들에게 하나님의 사랑을 전하고 양육 공부를 했습니다. 그 일을 하나님이 기뻐하셔서 하나님이 영혼들을 하나둘 붙여 주셨고, 그들이 예수님을 영접했다고 확신합니다. 선교의 주역은 하나님이시고 우리는 엑스트라입니다.

이러한 마음으로 조연의 역할을 열심히 했을 때, 선교의 주체되시는 하나님께서 직접 일하시고 저희에게 영혼 구원의 기쁨을 맛보게 해주셨습니다.

저희는 오래 전부터 직장을 은퇴하면 선교지로 나가려고 준비하고 왔지만, 사실 이곳에서의 생활은 세상의 시각으로는 이해하기 어려운 부분이 있습니다. '공기 좋고 살기 편한 곳을 떠나서, 늙은 나이에 여기서 무얼 하고 있나?' 그런 생각이 들 수도 있습니다. 그러나 이곳에서의 지난 1년 반은 제 평생의 신앙생활 중에서 가장 보람 있고, 기쁘고, 신나는, 잊지 못할 시간이었음을 고백합니다. 제 인생의 가장 의미 있는 시간이었습니다. 영혼 구원 한 가지에만 집중할 수 있어서 행복한 시간이었고, 하나님과 더 가까워지는 시간이었으며, 하나님께서 많은 위로와 기쁨을 주신 시간이었습니다. 불편한 환경을 초월해서 풍성한 것으로 채워주신 하나님께 감사를 드립니다.

저희는 이번 주일 밤에 미국으로 돌아갑니다. 그러나 저희의 손을 잡고 예수님의 양우리에 들어오게 된 6명의 영혼들과 지속적인 연결을 위해서 아마도 이곳에 가끔 들르게 될 것입니다.

선교지에서 맞은 결혼 40주년

2014년은 우리 부부가 결혼한 지 40년이 되는 해였다. 우리는 결혼기념일을 특별히 꼼꼼히 따져 축하하는 편은 아니다. 외식을 하거나 그동안 같이 사느라고 수고했다는 말을 서로 주고받으며 지낸다. 결혼 초기에는 남편이 직장으로 꽃을 보내기도 했고 때로는 여행을 다녀오기도 했었다.

결혼생활이라는 것은 두 사람이 같이 만들어나가고 헤쳐 나가야 하는 과정이다. 나는 하나님이 정말 재미있으신 분이라고 생각한다. 어떻게 그렇게 서로 다른 사람을 짝지어 주시는지 하나님의 뛰어난 유머라고 생각될 때가 많다. 나는 계획하기를 좋아하고, 남편은 즉흥적인 것을 좋아한다. 나는 내성적인데 남편은 완전히 외향적이다. 서로 다른 상대를 알아가고 적응하며, 인정하고 용납하는 과정이 결혼생활인가 보다. 그러면서 각자의 모난 부분들이 다듬어지고 조금씩 예수님을 닮아가기를 소원하게 된다.

▲ 결혼 40주년 기념

많은 사람들이 우리를 보고 부부가 같이 선교지에 나가는 것이 부럽다고 말한다. 어떤 가정은 남편이, 어떤 가정은 아내가 선교의 꿈을 가지고 있지만, 배우자가 준비가 안 되었거나 건강의 문제로 같이 나갈 수 없어서 아쉬워하는 이야기를 들었다. 남편 혼자 선교지로 나가 있는 경우도 보았다. 우리 부부가 같은 선교의 비전을 품고 건강하게 같이 선교지로 나갈 수 있었던 것은 하나님의 은혜요, 감사한 일이다.

선교지에서 결혼 40주년을 맞으며, 남편은 현지교회 여선교회에 헌금을 해서 온 교인에게 점심을 대접하는 잔치를 베풀어달라고 부탁했단다. 풍성한 점심 식사와 함께 많은 교인들의 축하를 받고, 저녁에는 목사님 부부의 식사 대접을 받았다. 그리고 예약해주신 5성급 호텔에서 지내며 선교지에서의 결혼기념일을 보냈다. 대학가(Campus Town) 아파트의 생활과 대조되는 귀한 휴식의 시간이었다.

학교생활 이야기

1년 반 동안 학교에 다녔으니 학교생활에 관한 여담도 많다. 처음 학교에 등록하러 갔을 때는 늙은 사람이 제대로 따라올까 하는 눈치로 담당자가 위아래를 서너 번 훑어보고 겨우 등록을 시켜주었었다. 초급 1반이 없어서 바로 초급 2반으로 들어가느라 헤매긴 했지만, 그래도 겨우 따라가면서 초급 2반을 마치고 나니 웬만큼 돌아가는 것을 알게 되었다.

다음 학기에는 중급 1반으로 올라갔다. 같이 공부하는 학생은 모두 젊은 학생이었다. 학기 중간쯤 되니, 그 학생들은 중국어 능력 평가

(HSK) 4급 시험을 치르려고 준비하고 있었다. 나는 그게 뭔지도 몰랐는데, 아마도 그 시험의 결과가 그들이 얼마나 공부를 열심히 했는지 나타내 보여주는 측정 도구인 모양이었다. 본 대학에서 교환 학생들에게 요구하는 시험이라고 했다. 궁금해서 주임 선생님에게 물었더니, 나에게도 한번 시험을 쳐보라고 격려해주었다. 그래서 시험을 쳤는데 놀랍게도 우수한 성적으로 HSK 4급 시험을 통과할 수 있었다.

우리 부부는 열심히 학교에 다녔다. 두 노인이 책가방을 둘러매고 월요일부터 금요일까지 하루도 빠지지 않고 학교에 출석했다. 장학금을 받는 것도 아니고, 학점을 잘 따야 하는 것도 아니었다. 내 돈 내고 가는 학교니까 내 마음대로 빠져도 누가 뭐라 할 사람도 없었지만, 우리는 빠지지 않고 매일 학교에 다녔다. 성실하게 다니는 것도 어떤 무언의 메시지라고 생각했다.

두 번째 학기에 남편과 나는 서로 다른 반에 등록했다. 성격 좋은 남편은 자기 반에서 아프리카, 월남, 몽골 등 외국에서 온 학생들 모두를 늘 반겨주고, 미국식으로 안아주었다. 항상 관심을 보여주니 젊은 학생들이 많이 따랐다. 결석하는 학생들에게는 연락해서 왜 빠졌느냐고 묻고 다독여주었다. 또, 반에 지각하는 학생이 많은 것을 보고 1위안씩 벌금제도를 만들었는데, 학급 분위기도 좋아지고 선생님들도 많이 좋아했다.

세 번째 학기가 시작될 때, 나는 학생들과 교제하고 양육하는 데 더 전념하기 위해 학교 공부는 소홀히 하기로 작정했다. 중급 1반을 끝냈으니 중급 2반으로 올라가는 게 당연하지만, 학교에 다니며 학생들을 양육하고 밥을 해 먹이는 일을 감당할 자신이 없었다. 그래서 숙제와 예습, 복습 시간을 절약하기 위해 중급 1반을 재수강하기로 했다. 이유를 묻는 선생님에게는 새로운 내용을 계속 배우는 것보다 이미 배운 내용을 더 잘 익혀서 사용하는 것도 중요하다고 생각되어 중급 1반을 재수강한다고 말했다.

그러나 마음 한편으로는 같이 공부하던 젊은이들에게 약간 부끄러운 기분도 들고, 나도 중급 2반에 올라가 중국어 수준을 올리고 싶은 마음도 있었다. 그때 나는 하나님께 "하나님, 중국어를 잘하고 싶은 이런 마음조차 내려놓겠습니다."라고 말씀드렸다. 학기가 진행되면서 중급 2반으로 올라간 학생들이 HSK 5급 시험을 준비하는 것을 보며 나도 그 시험을 한번 볼까 하는 생각이 들었다. 시험공부 할 시간은 없었지만, 중국어 5급 능력 시험을 쳤다.

하루는 고급반에 다니는 한국 유학생에게서 전화가 왔다. 결과가 나온 모양이었다. "이모님, 이번에도 우리 학교에서 제일 높은 점수로 통과하신 거 같아요." 나는 깜짝 놀랐다. 이 시험에 통과하는 것이 나한테 큰 의미가 있는 일은 아니었지만, 하나님께서 이렇게 멋지게 나를 위로해주시고 격려해주셨다는 생각에 기뻤다. 내가 포기하고 내려놓은 부분까지 하나님께서 주신 것이었다. 💡 나중에 생각해보니 아마도 내가 양육하는 학생들과 성경공부를 하느라고 중국어 성경과 교재를 보며 열심히 사전을 찾았던 것이 은연중에 중국어 공부에 많은 도움이 된 모양이었다.

▲ 같이 학교 다니던 한국 유학생들

마음이 고픈 한국 유학생들

우리가 있는 동안 국제학원에는 약 10여 명의 한국 유학생들이 있었다. 그들에게도 우리를 이모와 엉클 샘으로 부르라고 했는데, 어떤 학생은 이모님과 삼촌이라고 부르고 그들 중 어떤 학생은 어머니와 아버지로 불렀다.

유학생 기숙사에 사는 이들의 일상생활에서 가장 큰 고민거리는 학교 앞의 식당들을 보면서, '오늘은 어디 가서 무엇을 먹나?' 하는 것이란다. 가끔 우리가 밥 먹으러 집에 오라고 하면 너무 좋아서 달려온다. 하루는 식사 후 한 학생이 이런 말을 했다. "우리가 못 먹어서 배가 고픈 건 아닌데, 이렇게 이모랑 삼촌 집에 와서 밥을 먹으면 너무 행복하고 배가 불러요."

사 먹는 밥으로는 배는 불러도 뭔가 마음이 고팠던가 보다. 무엇이든 차려놓으면 싹쓸이다. 아픈 학생에게는 죽이나 국이라도 끓여주곤 했지만, 일상생활에서 우리의 우선순위는 중국 학생이었기 때문에 우리의 관심과 시간은 늘 중국 학생들에게 더 쏠려 있을 수밖에 없었다. 돌아보면 이 유학생들에게 미안하다.

그들이 떠나기 전에 모두 불러서 같이 밥을 먹었다. 한 명, 한 명 자기 사진과 함께 한마디씩 감사의 말을 쓴 포스터를 가지고 왔다. 지금도 읽으면 마음이 따뜻해지고 생각이 난다. 그중에는 명절이 되면 카톡으로 문안하는 친구도 있다. 다들 졸업한 후에 원하는 직장을 갖게 되고 보람 있는 인생을 살기를 소원한다.

종업식

7월 3일은 종업식이다. 초급, 중급, 고급, 각 반 선생님이 나와서 수료증을 주고 한 반에서 두 명씩 우등상을 주는데, 우리 반에서는 반장인 방글라데시에서 온 남학생과 내가 우등상을 받았다. 1년 반 동안 학교에 다니며 내가 종종하던 농담이 있다. "늙은이도 언어를 배울 수 있다는 것을 보여 주고 싶다." 그런데 이렇게 젊은이들과 어깨를 나란히 하고 모든 과정을 수료해서 상까지 받았으니 늙은이도 새 언어를 배울 수 있다는 것을 증명한 셈이다.

종업식의 모든 절차가 끝나고 집으로 오려고 하는데, 국제학원 원장이 우리를 자기 방으로 초청했다. 남편과 나는 영문을 몰라서 들어갔더니, 좋은 차(茶) 한 상자와 실크 넥타이를 선물로 주는 것이었다. 우리가 놀라서 사양했더니 "그동안 두 분은 모범학생이었을 뿐 아니라 여러 나라 유학생들을 잘 보살펴주어서 감사하다."면서 받으라고 했다. 우리가 학생들을 보살펴주었는지 어떻게 아느냐고 물었더니, 집을 떠나 외로운 학생들에게 가족적인 분위기를 만들어주고 부모의 마음으로 그들을 돌보는 것을 다 알고 있다고 했다. 학교가 해야 할 일을 해주어서 고맙다고 하면서 다시 이 대학에 돌아오면 장학금을 주겠다고도 했다. 우리의 마음도 흐뭇했다.

우리가 떠난 후의 여담이 또 한 가지 있다. 시내의 다른 대학에 다니던 어떤 한인 선교사님이 그 대학에서 더는 비자를 주지 않겠다고 해서 고민하다가 이곳 국제학원에 와서 입학을 신청했다고 한다. 그때 학교 측에서 말하기를 얼마 전에 한국인 노부부가 여기서 공부를 잘 하고 돌아갔는데 당신도 한국인이니 받아주겠다고 했다는 것이다.

▲ 종업식 날 우등상장

Chapter 4. 말씀의 물을 주다

비자 문제로 어려움에 처할 뻔했던 일꾼이 사역지에 머무를 수 있게 되었다니 감사하다. 매일 책가방을 메고 학교에 잘 다녔더니 이들에게 좋은 인상을 주었던 모양이다. 일상의 생활에서 작으나마 그리스도의 빛을 비추는 것이 바로 선교라는 말이 생각난다(Let Christ in you shine a little light in the darkness). 💡 예수님의 작은 빛으로서 어두운 땅에 비취기를 소원한다.

B시를 떠나던 날

우리가 중국을 떠나기로 한 날은 2014년 7월 7일, 월요일이었다. 새벽 2시에 아파트에서 출발해서 자동차로 3시간 떨어진 도시로 가서 미국행 아침 비행기를 타기로 되어 있었다. 살림살이를 많이 정리했지만 그래도 부칠 가방이 4개, 휴대용 가방이 2개였으니 짐이 많았다.

주일 밤에 다민이가 아파트로 와서 우리를 꼭 배웅하겠다고 했다. 중국 사람들에게는 배웅하는 것이 문화다. 우리도 그 문화에 익숙해져서 학생들이 집에 왔다 가면 꼭 엘리베이터까지라도 배웅했다. 다민이가 왔다가 갈 때는 늘 건널목까지 같이 가곤 했다.

우리가 아파트를 떠나는 시간이 새벽 2시여서 다민이가 우리를 배웅한 후에는 기숙사 문이 닫혀서 돌아갈 수도 없을 텐데도 우리 집으로 오겠다고 우겼다. 그러면 우리 아파트에서 자고, 우리를 배웅한 후에 다시 아파트에 들어가 눈을 붙였다가 학교로 돌아가라고 했다.

새벽에 일어나서 짐을 들고 나가는데 경비가 우리를 제지했다. 야반도주하는 일행으로 생각될 만도 했다. 그 새벽에 짐 가방을 잔뜩 싸 들고 나가니 말이다. 집주인과 통화한 후에야 통과(?)가 되어 우리는 1년 반 동안 정들었던 곳을 떠났다.

비행기를 기다리는데 다민이에게 문자가 왔다. 그날 새벽에 우리를 실은 차가 떠나는 걸 보고서 아파트에 들어와 울었단다. 어려서부터 부모에게서 남자는 울지 않는 거라고 배워서 남 앞에서는 절대 울지 않으려고 했단다.

> 💡 **선교란?**
>
> - 시니어 선교사는 융통성 있게 선교지와 본국에서 번갈아 가며 시간을 나누어 보내는 것도 좋은 방법이다. 예를 들어 방학 때마다 귀국한다거나, 1년에 6개월은 선교지에서 보내고 6개월은 본국에서 지내며 건강을 챙길 수도 있다. 사역의 베이스가 만들어진 후에는 1년에 한 달씩 방문하며 사역할 수도 있다.
> - 선교사는 새 생명이 말씀에 뿌리내려서 혼자 걸음마를 걷고 믿음이 자라도록 이끌어주는 일을 해야 한다. 피전도자를 신앙의 공동체, 건전한 현지 교회로 인도해주는 것이 중요하다.
> - 선교는 하나님이 주체가 되어 엮어내시는 드라마다. 그 드라마에서 우리는 하나님이 사용하시는 조연배우일 뿐이다.
> - 한 영혼을 구원하는 일에는 토양을 준비하는 사람, 씨를 뿌리는 사람, 물을 주는 사람이 다 다를 수 있다. 선교사는 맡겨진 상황에서 한 부분을 감당하면 된다.
> - 선교의 접촉점에는 여러 가지가 있는데, 그 접촉점은 상황과 시대에 따라 변한다. 한류의 영향으로 한국 드라마가 좋은 접촉점이 되기도 한다.
> - 성령의 감동이 있어야 믿음의 결단이 가능하다. 같은 복음의 메시지를 전해도 받아들이는 자와 받아들이지 않는 자가 있다. 복음을 듣고 믿을 수 있는 것, 그것이 은혜다.
> - 우리가 포기하고 내려놓은 부분까지 하나님께서는 더 좋은 것으로 갚아주신다.
> - 일상생활에서 그리스도의 빛을 비추는 것이 바로 선교다.

Chapter 5

마음은 두고 오다

내려놓을 수 없는 마음

2014년 7월에 미국으로 돌아왔는데, 마치 'I left my heart in San Francisco'라는 노래 제목처럼 나의 마음은 J시에 놓고 온 듯했다. 다민이, 애니와는 늘 웨이신으로 연락하며 지내기는 하지만 미국 생활에 다시 정착(?)하기에는 내 마음이 붕 떠 있는 기분이었다. 그곳에서 만난 영혼들을 마음에서 내려놓을 수가 없었다.

우리는 그해 10월 중순에 다시 그 땅을 방문했다. 우리가 살던 아파트에서 멀지 않은 곳에 한 달간 아파트를 빌릴 수 있었다. S대학에서 같이 공부하던 학급 친구들도 만나고, 남아있거나 새로 온 한국 유학생들을 불러 밥도 먹었다. 마침 추수감사절 시즌이라 우리를 통해 예수를 알게 된 학생들을 모두 초청해서 추수감사절을 보냈다. K시에서 사는 애니도 밤새 기차를 타고 왔다. 다민이, 몽골족 학생, 시보족 혜원이, 지나, 중국인 자매 웬디도 모두 왔다. 반갑게 만나서 교제하고 그들의 신앙을 격려했다.

애니에게는 신장의 두 학생과 특별히 깊은 대화를 해달라고 부탁했다. 나중에 이야기를 들어보니 몽골족 학생과 시보족 혜원이는 부모의 문화를 배신할 수 없어서 기독교를 믿기가 힘들다고 했다고 한다. 안타까운 일이었다. 그러나 이들도 복음을 들었으니 그 씨앗이 죽지 않기를 바란다.

우리가 중국에서 학교에 다니던 동안에는 시간상 중국 내 여행 다니기가 수월치 않았었다. 그래서 이번에 중국에 온 김에 장가계에 다녀오기로 했다. 장가계는 한국에서는 효도 관광 상품이라는 이야기도 들었고, 미국에 있는 친구가 꼭 한번 다녀오라고 추천을 하기도 했기 때문이다. 중국 여행사를 통해서 중국인 단체 여행에 끼어 가는 것인데, 중국인 가이드가 설명하는 것을 다 못 알아듣는다 해도 경치 구경이 주목적이니 괜찮겠다는 생각이었다.

기묘한 산봉우리들과 절경은 한번 와볼 만한 곳이었다. 요즘은 중국 사람들도 여행을 많이 해서 어디를 가나 인산인해다. 일행 중에 영어를 하는 젊은 부부가 있어서 그들과 함께 서로 사진도 찍어주고 이야기도 하며 지냈다. 우리가 한국인이기 때문인지 다른 사람들도 우리에게 이야기를 걸어오곤 해서 재미있게 보냈다. 우리에게는 중국어 회화 공부도 되었고, 새로운 사람을 사귀는 기회였다.

장가계 여행 중 하루는 버스로 이동하다가 가이드가 아침 10시에 뷔페식당 앞에 내려 주면서 말했다. 식당에서 점심을 먹은 후 자유시간을 갖다가 '스이디엔 지허(十一点集合)', 즉 '11시에 집합' 하라는 것이었다. 그런데 이 말을 듣는 순간 내 머릿속에는 자동적으로 '열두시 집합'으로 입력이 되어버렸다.

중국어로 '하나(一)'는 발음이 '이(yi)'이고, '둘(二)'은 '얼(er)'이다. 한국어로는 하나는 '일'이고, 둘은 '이'가 아닌가. 그래서 '스이(十一)'라는 소리를 듣는 순간, 나는 '십이', 즉 '열둘'로 받아들였던 것이다. 그래서 우리는 점심을 먹은 다음 가게 구경을 하다가 열한시 반쯤 버스로 향했다. 우리 딴에는 일찍 집합 장소로 가는 것이었다.

가는 길에 가이드와 마주쳤는데 우리를 찾으러 다녔다며 너무 반가워하는 것이었다. 그제야 나는 집합 시간이 열한시였던 것을 깨달았다. 얼마나 미안하고 창피했던지. 버스에 올라타며 모두에게 "미안합니다, 미안합니다."를 연거푸 말하고, 한국어와 혼동했다는 설명을 했다. 가이드는 외국인인 우리가 혹시 길을 잃었을까 봐 걱정했었다며 안도의 숨을 쉬었고 대부분의 일행은 괜찮다며 이해해주었다. 하지만 어떤 할머니 한 분은 열한시에 집합이라고 했는데 지금이 몇 시냐며 역정을 내었다.

다음 장소에서의 집합 시간은 5시였다. 우리는 산에 올라갔는데 집합 시간까지 도착하려면 시간이 빠듯했다. 하지만 허겁지겁 달려서 5시까지 내려왔다. 와보니 우리가 가장 먼저 도착했고 대부분은 40-50분 늦게 집합했다. 우리는 일행에게 또다시 폐를 끼치지 않으려고 목숨을 다해 달렸던 것이다. 지금도 생각할수록 미안하고 창피한 경험이었다.

대학생 성경공부

2015년 봄, J시의 한 선교사님에게서 연락이 왔다. 그분의 중국인 제자가 인도하는 가정교회 학생들이 영어로 성경공부 하기를 원하는데, 여름에 와줄 수 있느냐는 것이었다. 우리는 기도해보기로 하고, 본 교회에도 알려서 같이 가서 가르칠 수 있는 사람을 찾아보았다.

대학에 재학 중인 젊은 청년 한 명이 자원해서 함께 가르치기로 했다. 우리는 폭염의 8월에 우리가 1년 반 동안 살았던 그 땅을 다시 밟게 되었다. 대학생 그룹을 대상으로 영어로 성경을 가르치는 일도 처음이었고, 그들의 영어 수준이 어떤지도 잘 모르니 무슨 교재로 성경공부를 해야 할지 고민이었다. 두 반을 만들기로 하고, 영어를 더 잘하거나 조금 오래 믿은 학생을 위해서는 요한복음을, 영어 수준이 초급이거나 초신자를 위해서는 네비게이토의 양육 교재를 사용하기로 했다.

요한복음반에 6명, 초신자 양육반에 8명이 참여했다. 이들은 대부분 대학 재학생이었고, 한두 명은 졸업생인데 같은 가정교회 교인이었다.

▲ 성경공부 교재

Chapter 5. 마음은 두고 오다 / 147

이들은 교회로 사용하는 아파트에서 합숙하며 매일 아침 6시 반에 일어나 경건의 시간을 갖고, 아침 9시부터 12까지 우리와 함께 공부했다. 오후에는 자유시간 및 숙제하는 시간이었고, 저녁에는 식사 후 7시부터 9시까지 기도회를 하는 일정으로 진행되었다. 모든 일정은 중국인 전도사님이 인도했고, 선교사 사모님의 수고로 식사가 준비되었다. 학생들은 팀별로 취사와 청소 등의 일을 분담했다.

화씨 100도(섭씨 38도)를 오르내리는 더위를 무릅쓰고 배우는 자나 가르치는 자들이 모두 열심을 내어 공부에 임했다. 2주간의 일정으로 진행되고 있었는데, 둘째 주 월요일에 갑자기 공안의 방문이 있었다. 다행히 교회의 모임 장소 옆에 있는 사택 아파트로 왔기 때문에 재빨리 방으로 피했다. 그리고 공안이 떠난 후에 우리 외국인 팀과 선교사님 가족은 엘리베이터를 피해 계단을 이용해서 신속히 그 장소를 떠났다.

고맙게도 주위의 다른 가정교회가 장소를 빌려주어서 남은 공부를 마칠 수 있었다. 새 장소에 출입할 때 우리는 여러 명이 떼를 지어 다니지 않았고, 두세 사람씩 자기 아파트에 출입하는 것처럼 행동해서 경비원이나 이웃 사람들의 눈에 띄지 않게 조심했다.

둘째 주간에는 핸드폰도 가지고 다니지 않았다. 핸드폰을 가지고 다니면 전원을 꺼 놓아도 위치 추적이 된다고 했다. 그때 나는 예전에 중국에서 사용하던 핸드폰의 심(SIM) 카드에 돈이 남아 있어서 그 중국 핸드폰을 사용하고 있었는데, 통신사로부터 신분증을 가지고 오라는 문자를 받았다. 무언가 감시 대상이 되었음이 느껴졌다. 그래서 통신사에 가지 않았을 뿐만 아니라 그 이후로는 핸드폰을 사용하지 않았다.

예수님으로 치유된 상처

나는 같이 공부하는 학생들을 좀 더 이해하기 위해서 오후에는 학생들과 일대일 커피 타임을 가졌다. 한 명씩 대화하며 그들의 어린 시절과 가정 상황을 알게 되었다. 그리고 어떻게 예수를 믿게 되었으며 예수 믿은 후의 삶이 어떻게 변화했는가에 관한 이야기도 나누었다. 교회에 건성으로 다니다가 대학에 와서 가정교회에 다니며 예수님을 인격적으로 만난 학생도 있었다.

한 학생은 어렸을 때 부모가 타지에서 식당을 하느라 이모 집에 얹혀 살았는데, 학교에서는 명랑했지만 집에 오면 밥만 먹고 방에 들어가서 나오지 않았으며 죽고 싶다는 생각까지 했단다. 그러나 죽음을 이기신 승리자 예수님을 만난 후에는 죽고 싶다는 패배자의 태도를 버렸다고 했다. 어려운 환경에서 자란 그들을 보고 마음이 아팠고, 그런 환경에도 불구하고 예수 믿는 모습이 대견하고 자랑스러웠다.

얘기를 들어주고 아픔에 공감하며 손잡고 기도해줄 때, 그들의 상처가 만져지고 위로받는 것 같았다. 어디를 가나 넘쳐나는 사람들 틈에서 자라고 살기 때문일까? 부모와 진정한 대화가 없기 때문일까? 학생들은 자기 한 사람에게 관심을 보이며 이야기를 들어주는 것을 좋아했다. 그래서 일대일 커피 타임을 기다리며 이야기보따리를 풀어 놓았다.

이들에게 예수를 믿기 때문에 오는 여러 모양의 크고 작은 핍박과 어려움이 있는 것을 보았다. 신앙의 자유가 있는 미국에서 편한 신앙생활을 하는 우리와 대조되었다. 예수님을 모르는 부모의 반대를 겪거나 같은 기독교인에게서 이단이라고 오해받는 경우도 있었다. 주일성수를 하기 위해서 선망의 대상인 공무원 직장을 떠나 봉급이 적은 직장으로 옮긴 자매도 두 명이나 됐다.

내가 가르치는 학생 중 한 명은 다른 가정교회 목사님의 사모님이었다. 이 부부는 무슬림 선교의 비전을 가지고 우선 중국 서부 우루무치로 갔다가, 그 후에는 카자흐스탄이나 중동으로 가려고 준비하고 있었다. 이 부부가 매주 월요일마다 금식한다는 말을 들었을 때는 나 역시 도전을 받았다.

공부 시간이 끝나갈 무렵에는 하루에 한 명씩 그들이 어떻게 예수님을 믿게 되었는지 이야기하는 시간을 가졌다. 하루는 북경에서 대학을 마치고 미국회사인 휴렛 팩커드(Hewlett Packard)에서 컴퓨터 프로그래머로 일했던 재원인 한 자매가 이야기했다.

그는 고등학교 때부터 삶의 의미를 찾으려고 책도 많이 읽었지만, 그 어떤 것도 자신을 진리로 인도하지 못했다. 그는 불면증에 시달렸고 급기야 우울증에 걸려서 약도 먹고 정신과 치료도 받았다. 하지만 아무것도 그 마음의 공허함을 채우지는 못했다. 그러다가 어떤 자매의 소개로 가정교회에 나가서 예수님을 만났고, 예수님이 진리임을 알게 된 후에 그의 삶이 변화되었다고 했다.

이 자매의 성경책은 온통 노란색, 빨간색, 파란색 표시로 무지개를 이룰 정도였다. 그만큼 열심히 성경을 읽고, 기타를 배워서 찬양하며 하나님 품 안에서 지내고 있었다. 지금은 주일성수 할 수 있는 사립학교에서 적은 월급을 받고 생활하고 있었다. 그의 부모는 돈 많이 버는 직장을 마다하는 이 딸을 이해하지 못하고 비난했다고 한다. 그러나 이 자매의 얼굴에는 맑은 웃음이 있었다. 요한복음에는 예수님을 만난 후 삶이 변화된 사람들의 이야기가 나오는데, 요한복음을 공부하는 동안 예수님으로 인해 삶이 변화된 이런 자매를 만난 것이 감사했다.

나눔의 시간

공부 일정을 모두 마치는 마지막 날, 우리는 다 같이 찬양을 부르고 한 사람씩 간증을 나누는 시간을 가졌다. 그날 아침 몇몇 학생이 '내 이름 아시죠(He Knows My Name)'라는 찬양을 부르며 눈물을 흘리는 것을 보았다. 인간의 아버지가 어떤 모습이었든지 중국 14억의 인구 중에서 나의 이름을 아시고, 나를 자녀라 부르시고, 나의 모든 생각을 아시며, 나를 결코 버리지 않으시는 그런 아버지를 아는 데서 오는 위로와 감사, 은혜의 눈물이었다고 생각한다.

나를 지으신 주님
내 안에 계셔
처음부터 내 삶은
그의 손에 있었죠
내 이름 아시죠
내 모든 생각도
내 흐르는 눈물
그가 닦아주셨죠

그는 내 아버지

난 그의 소유

내가 어딜 가든지

날 떠나지 않죠

내 이름 아시죠

내 모든 생각도

아바라 부를 때

그가 들으시죠

I have a maker

He formed my heart

Before even time began

My life was in his hand

He knows my name

He knows my every thought

He sees each tear that falls

And hears me when I call

I have a Father

He calls me his own

He'll never leave me

No matter where I go

He knows my name

He knows my every thought

He sees each tear that falls

And hears me when I call

처음 성경공부 준비를 할 때는 학생들의 영어 수준이 어떨지 몰라서 약간 염려했었는데, 막상 공부를 해보니 소통에는 아무 어려움이 없었다. 보통 우리가 사용하는 언어(verbal language)가 소통에 기여하는 부분은 20% 정도라고 하지 않는가. 오히려 무언(non-verbal)의 손짓, 발짓, 표정, 눈빛, 자세, 태도 등이 소통에서 더 큰 부분을 차지한다고 한다. 그들을 사랑하고 아끼는 마음이 전달되었다면 성공적인 소통이 아닐까? 특히 말씀을 공부하는 자리에는 성령님이 함께 하셔서 우리의 이해를 도우신다고 확신한다.

모든 일정이 끝나고 나서 교사로 섬겼던 청년과 우리 부부는 학생들에게 감사 노트 한 권씩을 선물로 받았다. 거기에는 학생 한 명, 한 명이 쓴 감사의 말과 소감이 적혀 있었다. 가슴을 뭉클하게 하는 귀한 선물이었다. 그렇다. 이들이 공부 내용을 다 이해하지 못했더라도, 배운 내용을 다 잊어버린다고 해도, 우리가 그들을 위해 멀리서 달려와서 삶을 나눴던 것을 기억한다면 그것으로 충분하다. 무엇을 가르쳤느냐(Message)보다, 전하는 자(Messenger)로서 우리가 그들을 사랑하고, 이야기를 들어주고, 우리 삶 속의 기쁨을 나누었던 것을 통해 하나님의 사랑이 전달되었을 것이다. 💡

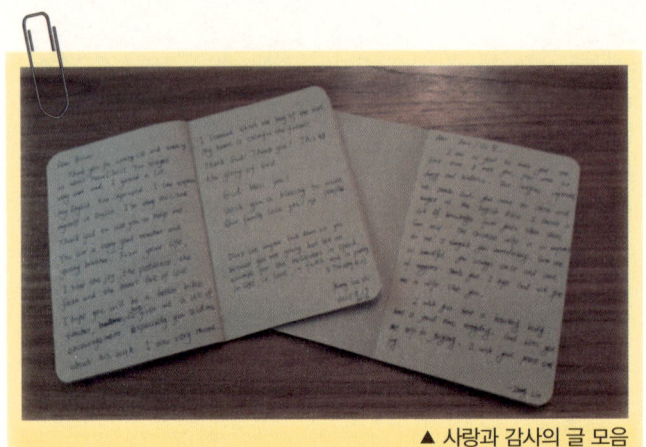

▲ 사랑과 감사의 글 모음

아직도 할 일이 많은 곳

2주 동안 학생들과 지내면서 기독교의 인프라(infrastructure)가 미약한 이곳에 특히 두 가지 영역에서 할 일이 많은 것을 보았다. 💡 가정 사역과 주일학교 사역이었다. 선교지로 떠날 때 우리는 구체적인 사역 계획 없이 왔지만, 선교지에 와서 살다 보니 이 땅에 할 일이 너무나 많다는 것을 하나님께서 보여주셨다.

이번에 만난 학생들의 절반 이상이 깨어진 가정과 성적으로 문란한 가정에서 자라난 젊은이였다. 한 자매는 아버지가 네 번이나 결혼했다고 했다. 많은 젊은이에게 내적치유가 필요했다. 성경적 결혼의 개념조차 생소한 이 땅의 젊은이들에게는 성경이 말하는 결혼관, 성의 문제 등 알려줄 것이 너무 많다는 생각이 들었다. 이들이 결혼해서 자녀를 낳으면 어떻게 자녀교육을 해야 하는가에 관한 부모 교육도 필요했다. 또한, 주일학교의 아이들을 어떻게 가르쳐야 하는가에 관한 주일학교 교사훈련도 필요함을 보았다.

가정교회 중 많은 곳에 인적 자원이 부족했다. 주일학교가 없는 가정교회 모임도 많았다. 또한, 주일학교가 있다고 해도 어디서 어떻게 시작해서 운영해나가야 할지 엄두를 못 내는 것 같았다. 간단히 사용할 수 있는 교재를 개발해서 교사들을 도와야 할 필요성도 보였다. 넘쳐나는 자료, 풍부한 인적 자원, 정보의 바다와 같은 미국과는 큰 대조를 이루고 있었다.

특별한 감사

이번에 특별히 개인적으로 감사했던 일은, 두고 갔던 영적 자녀들의 믿음이 자라는 것을 볼 수 있었던 것이다. 💡 다민이는 이번에 성경공부를 하는 학생들과는 다른 대학과 다른 가정교회를 다니기 때문에 공부 대상이 아니었지만, 내가 개인적으로 초청해서 참석하게 되었다. 그가 크리스천 친구들과 즐겁게 공동생활을 하고, 신앙생활에 참여하는 것을 보는 것만으로도 나는 흐뭇하고 행복했다.

어떻게 예수님을 믿게 되었는지 나누는 차례가 되었던 날, 다민이는 2013년 4월에 우리를 만났던 일을 이야기했다. 하나님이 자신을 선택해서 자신이 하나님의 자녀가 되었고, 삶이 바뀌었다고 했다. 이모와 엉클 샘의 사랑을 통해 하나님의 강한 사랑을 느꼈다고 하면서 자신의 스무 살 생일 이야기를 했다. 짐작하고는 있었지만, 깜짝 생일 축하를 해주었던 그때가 그가 하나님의 사랑을 깊이 느낀 순간이었고, 어떤 전환점(turning point)이 되었던 것을 확인할 수 있었다.

우리와 지냈던 시간, 함께 나누었던 이야기는 보배와 같았고, 매주 만날 때마다 자신은 조금씩 자랐으며 하나님과 세상의 사람들을 어떻게 사랑해야 하는지 배웠다고 했다. 예수님을 믿기 전의 자신은 피곤하고, 방향을 알지 못하고, 어찌할 바를 모르는 상태였다고 했다. 예수님을 믿기 전의 삶이 혼돈(chaos)이었다면, 예수님을 믿은 후에는 기쁨과 평안이었다고 했다. 이 모든 것은 자신에게 행운이었고 그 결과 기쁨과 행복을 얻었으며, 이것을 나만 얻고 취하는 것이 아니라 이웃과 나누고 하나님께 감사드려야겠다고 했다.

신학적 용어는 사용하지 않았지만, 다민이는 자기가 하나님께 선택받아서 예수님을 믿게 된 것과 그것이 하나님의 은혜라는 것을 깨닫고 있었다. 그리고 그 은혜에 감사해서 축복의 통로로 살아야겠다는 간증을 한 것이다. 놀라웠다.

2년 반 전, 다민이에게 영접 기도를 시켜놓고 마음을 졸이며, 마치 스토커처럼 그의 마음과 생활을 살피면서 말씀 안에서 자라게 하려고 애쓰던 나에게, 이번 그의 간증은 감격 그 자체였다. 말수가 적은 편에 속하는 그의 마음을 들여다볼 수 없기에, 내 마음 한구석에는 언젠가 다민이가 교회 앞에서 신앙 간증하는 것을 듣고 싶다는 작은 소원이 있었다. 하나님은 나의 마음속 작은 소원까지 아시고 이번 공부를 통해 그의 간증을 듣게 하시며, 또 그의 신앙이 세워져 가고 있는 것을 보여주셨다. 신실하고 세밀하신 하나님을 경험하게 해주신 하나님께 찬양을 드린다.

신앙의 성장통

애니는 대학원을 마치고 중국어 교사를 하고 있는데, 열심히 가정교회에 나가며 금요일에는 성경공부반에 참석하고, 주일예배 때는 찬양팀에서 섬기고 있었다. 우리가 미국에 있을 때 애니가 자기 교회 찬양팀의 음악성이 약하다고 안타까워하는 이야기를 했다. 그래서 음악을 전공하신 한 사모님에게 말씀드려서 그 찬양팀에게 이틀간 훈련 프로그램을 해주시도록 부탁했다. 우리가 왜 찬양을 드리며, 하나님께 올려드리는 예배의 찬양곡은 어떻게 선택해야 하는지를 배우고, 호흡법과 발성법 등 많은 것을 배웠다는 소식이 왔다. 감사했다.

대학생 성경공부 일정을 마친 후, 우리는 K시에 가서 애니를 만났다. 아파트에 가 보니, 곳곳에 성경 구절을 붙여놓고 말씀을 외우는 것 같았다. 열심히 믿으려고 하는데 아직 신앙의 연륜이 짧고, 주위에 믿는 친구들이 없을 뿐 아니라 오히려 친구들은 기독교를 비난하니 외롭다고 했다. 또, 어머니는 자기가 예수님 믿는 것을 펄펄 뛰며 반대하고 핍박하신다고 했다. "돈 잘 버는 사람 만나서 시집을 가야지, 예수는 무슨 예수냐? 혹시 이단은 아니냐? 왜 교회에 돈을 갖다 바치느냐?"고 하면서 비판이 심하다고 했다. 그런 어머니에게 어떻게 하면 딸의 변화된 모습을 보여 어머니의 마음을 돌릴 수 있을지 여러 가지 이야기를 나누었다.

학교에는 자기가 신자임을 공포했다고 했다. 학교를 방문해보니 사무실 책상에 성경책이 놓여 있었다. 그런데 그 후, 학교에서 어느 날 갑자기 애니에게 학급을 맡기지 않고 사무실의 보조 역할이나 이런저런 심부름을 하는 사람으로 전락시켰단다. 연륜이 짧은 교사에게 이런 조치를 취하는 것은 학교에서 나가달라는 무언의 메시지라면서, 자존심을 생각하면 당장 그만두고 싶다고 했다. 나는 애니에게 이런 상황에서 하나님이 무엇을 가르치려고 하시는지 기도하고 생각하며 새 학교를 찾으라고 했다. 그의 기타 반주에 맞춰 찬양을 부르고 기도해준 뒤 떠나왔다.

우리가 떠난 후 새 학기가 되어 애니가 학교를 옮겼는데, 출근 첫날에 교장 선생님이 자신을 불러서 교실에서 절대 예수 얘기는 하지 말라고 엄포를 놓았단다. 하나님께서 이 자매를 쓰시려고 그를 다듬고 훈련

▲ 혼자서 기타를 배운 애니

시키지 않나 하는 생각이 든다. 신앙의 성숙 과정에서 오는 아픔(growing pain)을 잘 견뎌내고, 어두움의 환경인 학교에서 그리스도의 빛을 비추는 하나님의 귀한 딸이 되기를 기도한다.

💡 선교란?

- 선교사가 무엇을 가르치는가도 중요하지만, 더 중요한 것은 선교지의 사람들을 이해하고 사랑하며 선교사의 삶 속에 있는 기쁨을 나누어 줌으로써 하나님의 사랑을 전하는 것이다.
- 선교지에는 할 일이 많다. 복음 전하는 일과 말씀 공부 외에도, 어린이 주일학교, 가정 사역 등 할 일은 무궁무진하다.
- 복음을 받아들인 영적인 자녀들의 믿음이 자라는 것을 지켜보고 격려해주는 것이 필요하다.

Chapter 6

다시 돌아가다

다시 한번 중국으로

2015년 여름에 J시에 다녀온 후, 미국에서 살면서 나의 마음 한구석에는 중국에서 만난 영혼들과 중국에 대한 마음의 부담이 늘 자리하고 있었다. 남편은 미국에 돌아온 후 노인대학에 등록해서 색소폰과 기타를 배우러 다니고 골프도 치며 미국 생활을 즐기기 시작했다.

나는 기도했다. "하나님, 저의 다음 발걸음(next step)은 무엇입니까? 이곳에서 할 일을 찾고 정착하는 것입니까? 아니면 다시 한번 중국으로 나가는 것입니까? 그렇다면 남편에게도 같은 마음을 주세요." 한참이 지나도 아무 응답은 없고, 그렇다고 내 마음이 미국에서 안정되는 것도 아니었다. 나는 언제부터였는지는 모르지만, 마음속에 3년 정도는 선교지에 나가서 선교하고 싶은 바람이 있었다.

12월쯤 되어 나는 남편에게 다시 한번 중국에 가고 싶은 마음이 있다고 선포(?)했다. 남편은 이제는 할 일을 다 마치고 돌아왔다고 생각하고 있었기에, 나의 말을 듣고 처음엔 약간 당혹해하다가 "그럼 기도해 보자."고 했다. 새해가 되었을 때 남편은 다시 중국에 같이 들어가기로 마음을 정했다.

우리는 다시 중국에 간다면 예전에 살던 곳으로 갈 것인지, 아니면 새로운 곳으로 갈 것인지, 새로운 곳으로 가면 어디로 갈 것인지를 놓고 함께 기도했다. 우리는 새로운 곳으로 가기로 하고, 2016년 2월에 다시 중국으로 향했다.

이번에 가는 곳은 처음 있던 곳보다 남쪽에 위치한 지역으로, 산이 많은 곳이었다. 중국에서 가난한 지역으로 손꼽히는 곳이다. 우리는 이 성의 K시로 가기로 했는데 그 이유는 우리 교회가 입양한 M족과 조금 더 가깝기 때문이었다.

새로운 곳으로 가면서 두려움이나 걱정보다는 '하나님께서 이번에는 또 어떻게 일하실까?' 하는 기대감이 있었다. 지난번과 마찬가지로 구체적인 사역 계획은 세우지 않았다. 현지에 아파트를 구해달라는 부탁도 하지 않은 채 떠났지만, J시의 목사님께서 연락을 해주신 덕분에 그곳에 도착했을 때 현지 가정교회의 Y목사님이 공항에서 우리를 맞아주셨다.

목사님 댁에서 저녁 식사를 대접받으며 대화를 나누던 중, 목사님이 이런 이야기를 하셨다. 지난 몇 달간 교회 직분자들이 영어로 성경을 가르칠 수 있는 분을 보내달라고 기도하고 있었다는 것이었다. 강사료가 비싸지 않고 믿음 있는 사람을 기도하고 있었는데, 자비량 봉사자인 우리가 온 것이었다. 목사님과 직분자들은 기도의 응답이라면서 기뻐하며 우리를 환영해주었다.

Y목사님의 도움으로 일주일 만에 안전하고 좋은 동네의 아파트를 구해서 이사할 수 있었다. 이번에도 이렇게 좋은 아파트를 수월하게 구하고 빨리 정착할 수 있었던 것은 정말 하나님의 은혜였다. 늙은 부부를

불편한 땅에 보내시는 아버지께서는 늘 돕는 손길을 예비하시고, 그들을 통해 우리의 거처를 준비해주시며 필요한 것을 공급해주셨다. 우리 아파트는 Y목사님의 가정교회 모임 장소에서 멀지 않아서 여러모로 편리했다. 아파트는 큰 단지여서 산책길도 있고 조경도 아름다웠다.

영어 성경공부반

이사한 다음 주간에는 우선 영어 성경공부에 관심 있는 사람들을 모이도록 했다. 대여섯 명을 예상했는데 열 명도 넘게 오니 아파트가 터져 나갈 것 같았다. 첫날은 영어로 자기소개 하는 시간을 가졌다. 이름, 가족관계, 직업 등과 언제부터 예수님을 믿었고, 왜 영어 성경공부를 하려고 하는지에 대해 나누었다. 주로 30-40대 성인이었고 이미 믿는 사람들이었다. 그런데 이들의 영어 수준이 차이가 크게 났다. 그래서 성경공부반과 기초 영어반, 두 반으로 나누기로 하고 그다음 주부터 공부를 시작했다.

구체적인 계획을 세우고 온 것이 아니어서 미리 준비한 교재도 없었다. 그래서 어떤 내용을 공부할까 생각하다가 요한복음을 하기로 했다. 요한복음은 하나님이신 예수님을 알고 만날 수 있는 귀한 책이기도 했고, 지난번 대학생들과 공부했던 자료가 컴퓨터 파일에 있어서 활용할 수도 있었다. 그 자료를 이곳 학생들의 수준에 맞게 바꾸어서 교재를 만들었다. 매주 교재를 준비하고, 프린트하고, 복사해서 사용해야 했다. 집에 프린터가 없으니 10여 분 걸어 나가서 아파트 단지 밖 큰길에 있는 가게에서 인쇄와 복사를 해왔다. 인쇄와 복사를 해놓고 난 뒤에 고칠 것이나 오타가 눈에 띄어도 집에 갔다가 다시 나와야 하니 고치기가 어려웠다.

학생들이 성인이고 생활의 여유가 있다 보니, 종종 "선생님, 뭐 필요한 것 없으세요?"라고 물어왔다. 인쇄와 복사가 불편한 점이 생각나서 프린터를 대여할 곳이 있는지 물어보았다. 그랬더니 다음날 당장 프린터를 사 들고 와서 설치해주었다. 그 프린터를 1년 동안 얼마나 요긴하게 사용했는지 모른다.

이곳의 학생들도 우리를 어떻게 불러야 하는지 호칭을 물어왔다. 그래서 나는 '선생(老师, 라오슈)'이라고 부르고, 남편은 '장로(长老, 쟝라오)'로 부르기로 했다. 그리고 이곳에서 만나는 중고등학생과 대학생들에게는 우리를 '할머니(奶奶, 나이나이)'와 '할아버지(爷爷, 예예)'로 부르라고 했다. 이모와 삼촌이 이제 할머니, 할아버지가 되었다.

정식 학기는 아니지만 3월부터 6월까지 첫 학기에는 요한복음을 공부했고, 여름방학 후 9월에서 2월까지 두 번째 학기에는 귀납법적 성경 묵상법을 공부했다. 누가 떠먹여 주는 성경 말씀이 아니라, 말씀 묵상법을 배워서 스스로 말씀의 맛을 알기를 소원하는 마음이었다.

솔라피데에서 출판된 『성경 묵상법』 교재를 사용했는데, 저자 문원욱 목사님이 제공해주신 영어 개요(outline)를 토대로 영어와 중국어 내용을 첨가해서 우리에게 적합한 교재를 만들어가며 사용했다. 공부할 때 우리는 먼저 성경이 말하는 것이 무엇인지 관찰하고, 그것이 무슨 뜻이며, 그 말씀이 주는 보편적 교훈이 무엇인가를 찾았다. 수천 년 전에 기록된 성경이 시간적, 역사적, 문화적 한계를 뛰어넘어 지금 우리에게 주는 교훈을 찾아내고, 그것을 묵상하며 삶에 적용하는 공부였다.

이곳의 기독교인들은 한국이나 미국에서처럼 성경공부 교재나 성경공부의 기회가 풍부한 환경에서 믿는 사람들이 아니다. 이들이 언제까지 설교자가 먹여주는 말씀에만 의존해서 성장할 수는 없지 않겠는가. 귀납법적 성경 묵상법은 마치 영적인 새 안경을 맞춰 끼는 것처럼 스스로 말씀을 먹을 수 있는 능력을 키워주는 좋은 도구다. 이들이 말씀의 단맛을 스스로 느끼며 말씀을 먹을 뿐만 아니라, 말씀의 생활화로 삶이 변화되기를 소망하는 마음으로 성경 묵상법을 같이 공부했다.

공부할 때, 내가 영어로 하는 설명을 그들이 알아듣지 못할 때가 종종 있었다. 갸우뚱하거나 반응이 없는 것을 보면 알 수 있다. 나는 그들의 이해를 돕기 위해 미리 중국어 사전을 열심히 찾아가며 중국어로 설명을 준비하기도 했다. 그래서 어설픈 중국어(broken Chinese)로도 설명을 했다. 이렇게 학생들의 어설픈 영어와 선생님의 어설픈 중국어가 만나는 우리의 공부 시간은 늘 기쁨과 웃음으로 가득했다.

말씀과 섬김

공부를 시작하기 전에 우리는 찬양을 불렀다. 그 찬양의 가사에서 먼저 은혜를 받았다. 시작하는 기도는 학생들이 돌아가며 했는데, 중국어나 영어로 자유롭게 하게 했다. 끝마치는 기도는 늘 내가 했다. 영어로 성경공부를 하기에는 이들의 영어가 부족했지만, 하나님의 말씀은 살아있고 운동력이 있기 때문에 우리의 공부 시간에 성령님이 귀한 깨달음과 결심을 주셨다. 이러한 경험은 나에게 큰 은혜가 되었다.

요한복음 1장 14절의 "말씀이 육신이 되어 우리 가운데 거하시매⋯(The Word became flesh and made his dwelling among us)."라는 본문을 공부할 때였다. "여기서 '거한다(dwelling)'는 것은 '성막(tabernacle)을 치셨다'는 의미가 있다. 성육신해서 이 땅에 오신 예수님은 우리 가운데 성막을 치고 내주하신다."고 설명했다. 그랬더니 한 자매가, "아, 그러면 우리의 몸이 성전이구나."라고 했다. 또 다른 자매는 이혼녀였는데 "나는 지금 남자 친구들을 사귀고 있는데, 하나님의 성전인 내 몸을 깨끗이 지켜야겠어요."라고 회개와 결심을 하는 것이었다.

매주 기초 영어반, 성경공부반, 주일학교를 하다 보니 집에서 보통 일주일에 세 번씩 모임이 있었다. 거기에다 개인 교제로 한두 번씩 학생들이 오다 보면 일주일이 바쁘게 지나갔다.

▲ 성경공부반

▲ 기초 영어반

나는 모임 때마다 차와 간식을 준비했다. 어느 날은 수박을 준비해놓았는데 비가 주룩주룩 올 때도 있었고, 나는 좋다고 생각해서 준비했는데 중국 사람들의 입맛에 안 맞는 때도 있었다. 또, 주일학교 아이들 간식과 어른 간식은 각각 다르게 준비했다. 매번 같은 간식을 할 수도 없으니 오늘은 뭘 준비해야 할지 신경이 쓰였다. 이렇게 하면서 6월쯤 되니, 매번 모임 때마다 집 정리하랴, 공부 준비하랴, 간식 준비까지 하기가 힘들다는 생각이 들었다.

예수님이 제자들의 발을 씻기신 내용을 공부하는 날이었다. "우리가 어떻게 예수님을 본받아 종의 자세로 섬김의 삶을 살 수 있을까?"라는 질문을 던진 후 생각을 나누는 시간이었다. 한 자매가 "선생님이 먼 미국에서부터 이곳에 와서 우리를 가르치는 것이 희생의 섬김이라고 생각해요."라고 하자, 또 다른 자매는 "이렇게 간식을 준비해주는 것도 섬김이에요."라고 했다. 그 말을 듣는 순간 '이들이 우리의 삶과 행동을

▲ 학생들이 오기 전에 준비해놓은 간식

보면서 느끼고 배우는구나.'라는 것이 새삼 깨달아졌다. 💡 예수님의 희생과는 전혀 비교도 안 되는 이 작은 일을 힘들다고 생각한 것이 부끄러워지면서 힘들다는 생각을 내려놓았다.

간이 주일학교

우리가 도착한 첫 주일에 우리는 Y목사님에게 양해를 구해 그 교회에 참석해보았다. 사실 외국인이 현지인 교회에 가는 것은 불법이다. 그러나 우리는 중국 사람과 똑같이 생겼으니 말을 안 하고 가만히만 있으면 외국인이라는 표시가 잘 나지 않았다. 주일학교가 있다고 하기에 참관해보았다. 영어 성경공부에 나오는 한 자매가 다섯 살에서 열네 살까지 열 서너 명의 학생들을 데리고 주일학교를 하느라 애를 쓰고 있었다. 분반과 교사가 필요해 보였.

주일학교의 필요성을 절실히 느끼지만 여건이 부족해서 안타까워하는 것을 보며 돕고 싶은 마음이 생겼다. 그런데 화요일 아침에 Y목사님이 어두운 얼굴로 우리 집을 방문했다. 파출소에서 연락이 와서 갔더니 너희 교회에 외국인이 나오느냐고 묻더라는 것이었다. 우리는 주일학교를 돕고 싶은 마음을 접어야 했고, 예배 참석도 중단하기로 했다.

며칠 지났을 때 문득 이런 생각이 들었다. 만약 학생들을 우리 아파트로 데려와서 주일학교를 한다면, 분반 문제, 교사 문제, 외국인의 교회 참석 문제가 모두 해결되지 않을까? Y목사님에게 이런 의견을 말했더니 좋은 생각이라고 했다. 그래서 그다음 주일부터 교회에 온 아이들을 차에 태워 우리 집으로 데려다주었다. 그리고 교회 예배가 끝나면 우리 집에 와서 아이들을 데려갔다. 이렇게 우리 아파트에서 간이 주일학교가 시작되었다.

중국에서 주일학교를 하는 데는 어려움이 많다. 우선 중국에는 주말, 주일의 개념이 미국과 현저히 다르다. 미국에서의 주말은 누가 침범할 수 없는 '나'의 개인 시간이다. 때때로 주말에 시간을 내서 직장에 나가기도 하지만, 그건 나의 선택이다. 그러나 중국에서는 토요일, 일요일에 학교나 직장에 가야 하는 경우가 빈번하다.

예를 들어, 목요일이 공휴일이면 목요일부터 토요일까지 3일간의 연휴를 주고, 그 대신 주일에 직장의 근무나 학교 수업을 보충하게 한다. 금요일에 놀고 싶지 않아도 쉬어야 하고, 주일에 쉬고 싶어도 직장이나 학교에 가야 한다. 나는 중국에서 살면서 주일의 개념이 없는 것이 너무 힘들었다. 지난번 대학에 다닐 때도 주일에 수업이 여러 번 있었다. 그럴 때마다 우리는 미리 선생님에게 이야기하고 양해를 구해서 수업을 빠지고 교회에 갔었다.

한 번은 K시에서 전국적인 대회(convention)가 열렸다. 시 정부는 이틀 동안 학교와 직장을 쉬게 했다. 교통체증을 감소하려는 목적도 있었고, 학교 관계자들도 일부 그 대회에 참가한다고 들었다. 아무튼, 학교는 이틀간 쉬었고, 그 대신 그다음 두 번의 주일에 학생들은 학교에 갔고, 어른들은 직장에 갔다. 이런 사회제도로 인해 주일성수의 생활화가 쉽지 않았다. 이처럼 주일에 대한 개념이 없는 것이 나한테는 힘들었지만, 그들에게는 습관이 되어 아무렇지도 않아 보였다. 💡

또한, 아이들을 교회에 보내는 것보다 피아노 레슨이나 영어 과외에 보내는 것을 더 중요시하는 부모들도 많았다. 그러니 주일학교 출석률은 들쑥날쑥했고, 교회에 빠지거나 늦게 오는 것에 대해서도 별로 개의치 않는 것 같았다. 물론 중국에서 18세 이하의 미성년자들에게 전도하는 것은 불법이기 때문에 주일학교 자체가 인정받을 수 없는 일이긴 했다.

이처럼 중국 교회에 주일학교가 활성화되어 있지 않기 때문에 어린이들이 신앙교육을 받을 기회는 희박하다. 어린이들이 부모를 따라 교회에 온다 해도 영세한 가정교회에서는 주일학교 프로그램이 전무하거나 빈약하다. 주일학교 교재나 자료도 풍성하지 않을 뿐 아니라 작은 가정교회에서는 주일학교 교재를 찾는 일에 시간과 재정을 할애할 수가 없다. 대만에는 주일학교 교재들이 있지만, 대만에서는 옛날 한문인 번체자(繁体字)를 쓰고, 중국 대륙에서는 간체자(简体字)를 사용하기 때문에 대만 교재를 직접 도입해서 사용하는 데에도 어려움이 있다. 물론 영어로 된 교재도 사용하기 어렵다.

주일학교 활동

이런 상황에서 소위 주일학교를 시작했으니 어떻게 주일학교를 인도할지 고민이었다. 우선 쉬운 영어로 된 어린이 찬양을 몇 곡 골랐다. '좋으신 하나님(God is so good)', '예수 사랑하심은(Jesus loves me this I know)'과 같은 찬양을 영어와 중국어로 준비했다. 말씀은 무엇으로 어떻게 전해야 할지 고민한 끝에 스마트폰에 'Bible for Kids'라는 앱을 다운받아 사용했다.

정말 고맙게도 여기에 실려 있는 40개 정도의 성경 이야기는 어린이들이 이해하기 쉽게 되어 있었다. 말씀의 요점이 간단명료하고 재미있게 씌어 있었다. 그뿐만 아니라 이 이야기들이 각 나라말로 번역되어 있어서 원하는 언어를 선택해서 사용할 수 있었다. 이야기의 화면을 만지면 캐릭터들이 움직이기도 해서 어린이들이 흥미로워했다.

이 앱은 스마트폰이나 아이패드에는 설치할 수 있지만, 컴퓨터에는 설치할 수 없게 되어있었다. 그렇기 때문에 스마트폰을 프로젝터(projector)에 연결시켜서 화면에 크게 띄우려면, 스마트폰에 맞는 HDMI 어댑터(adaptor)를 구입해서 프로젝터에 연결해야 했다.

주일학교 진행은 이런 순서로 했다. 먼저 찬양을 부르고, 그다음에는

▲ 우리가 사용한 성경 이야기

▲ 어댑터를 구하기 전,
스마트폰에 매달려서 성경 앱을 보는 아이들

▲ 어댑터를 구입한 후
큰 화면에 띄운 성경 이야기

중국어로 그 주일의 성경 이야기를 어린이들과 같이 보았다. 애니메이션으로 제시되는 성경 이야기를 듣고 보는 것이 그 주일의 설교가 되었다. 관련된 질문들을 준비해서 물어보고 말씀을 이해했는지 확인했다. 나와 성경공부를 하는 어른 학생들은 나의 어설픈 중국어에 대해 관대했다. 하지만 어린아이들은 내 발음이 조금이라도 틀리면 킥킥거리기도 하고 흉내를 내기도 했다. 그러면 나도 웃으면서 아이들에게 원어민 발음을 배웠다.

다음 순서로는 그날 배운 내용에 관련된 그림 그리기나 공작(craft), 연극(skit) 등을 해서 그날의 성경 내용을 이해하도록 도왔다. 영어로 되어 있는 미국의 주일학교 교재나 공작 자료는 직접 도입해서 쓸 수는 없었지만, 간혹 영어가 들어 있지 않은 것 중에서 스티커를 붙인다거나 밑그림이 그려진 종이에 색칠을 하거나 하는 자료는 사용할 수 있었다.

▲ 노아의 방주 스티커 붙이기

　그날의 내용과 관련된 것을 전혀 구할 수 없을 때는 흰 도화지에 그림을 그리게도 했다. 예를 들어 천지창조 이야기를 공부한 날에는 도화지를 나누어주며 창조의 6일 중 하루를 선택해서 그날 창조된 것을 그림으로 그리게 했다. 때로는 그날의 성경 이야기를 가지고 각각의 역할을 맡겨서 간단한 연극을 하기도 했다. 매주 한 구절씩 중국어로 성경 암송도 했다. 마지막으로는 즐거운 간식 시간을 가졌다.

　남는 시간이 있으면 어린이용 영어공부 DVD를 틀어주었다. 이들에게는 영어를 접할 수 있는 시간이기에 어린이들을 주일학교로 오게 하는 도구가 되기도 했다. 중국에는 시골로 갈수록 아직도 영어가 선교의 좋은 접촉점이 된다. 대도시에는 영어를 유창하게 하는 중국인도 많고, 외국인도 많이 살기 때문에 접촉점으로서 영어의 위력이 약해지는 듯하다. 그러나 우리가 살던 곳에는 외국인들이 많지 않아서 아직도 영어가 선교의 좋은 접촉점(powerful point of contact)이었다. 💡

간이 주일학교에 오는 학생 중에 초등학교 6학년 남학생이 두 명 있었다. 이들은 자기보다 나이가 어린 아이들과 같이 공부하다 보니 지루해하기도 했다. 그래서 주일학교가 끝난 후에 남편이 이 두 학생을 데리고 아파트 단지에 설치된 탁구대에서 함께 탁구를 했다. 친절한 샘(Sam) 할아버지와 탁구 치는 시간이 즐거워서 이 두 남학생은 탁구채를 챙겨 들고 한 주도 안 빠지고 주일학교에 왔다. 💡

그러나 우리가 주일학교를 기약 없이 언제까지나 붙들고 있을 수는 없다는 생각이 들었다. 우리가 떠난 후에 주일학교가 중지되어 버리는 일이 없도록 해야 했다. 우리는 이를 위해서 현지인 자매인 예비 교사와 한 달 반 동안 같이하면서 간접 훈련을 시킨 후, 6월 말로 그들에게 인계하기로 했다. 그런데 그 기간에 앞에서 말한 큰 대회 때문에 두 번은 주일학교가 없었고, 한 번은 그 자매가 직장에 가느라 사전에 연락 없이 불참하는 바람에 당황하기도 했었다. 선교지에서는 예상치 못한 일들이 늘 일어날 수 있다고 예상하는 지혜가 필요하다. 💡

린 자매의 꿈

영어 성경공부반 학생 중에 린이라는 자매가 있었다. 40대 초반의 이 자매는 좋은 대학의 건축과를 졸업한 인재였고, 사회에서 돈도 많이 벌었다고 했다. 결혼해서 아들을 낳고 살고 있는데, 부부가 둘 다 성격이 강해서 자주 싸웠단다. 그래서 이혼하려고 한 적도 있고, 우울증에 걸려서 자살을 시도한 적도 있다고 했다.

하루는 친구가 교회에 한번 가보자고 해서 Y목사님의 교회에 갔다가 예수님은 사랑이시라는 설교 말씀을 듣고 예수님을 만났다. 그때부터 예수님을 믿고 예수님을 뜨겁게 사랑하고 있는 자매였다. 그가 점차 변화되어가자 남편도 변하기 시작했고 교회에 출석하게 되었다. 이 자매를 싫어하고 멀리하던 시댁 식구들도 지금은 다 예수님을 믿고, 가족이 모여 식사할 때는 이 자매에게 기도를 부탁한다고 했다.

이 자매는 기회만 있으면 만나는 사람 누구에게나 전도를 했다. 전도 대상자가 식당 주인이면 손님을 데리고 그 식당에 갔다. 린 자매는 자기의 인맥을 통해 중국의 부자들에게 전도하고 싶은 마음을 가지고 있다. 중국의 많은 부자들이 예수님을 모르고 돈만 보고 사는데, 만약 부자 한 사람이 예수님을 믿고 가정교회 하나를 재정적으로 후원하면 교회가 선교를 감당하는 데 큰 힘이 될 것이라고 생각하기 때문이다. 린 자매는 중국 시골에 100명의 선교사를 보내고 싶은 꿈이 있다. 십일조를 매년 늘려 50%의 십일조를 하고 싶은 꿈도 있다. 요즈음 가끔 남편과 싸우는 이유 중 하나는 자매가 헌금을 너무 많이 해서란다.

린 자매는 남편과 함께 사업체를 가지고 있는데, 100여 명의 회사 직원이 모이는 연례회(annual meeting)에 목사님을 초청해서 기도하고 간단한 말씀을 전한 후 모든 행사를 진행하는 것을 보았다. 그 회사에는 믿지 않는 사람이 더 많으니 식사와 회의 중에도 술이 나오고, 담배를 피우는 사람도 많았다. 그래도 중국 땅에서 기업체 모임을 기도로 시작한다는 것은 놀라운 일이다. 이 부부의 용기와 결단이 감동적이었다.

린 자매는 무슨 일을 당하든지 하나님께 먼저 기도했다. 하루는 아들이 학교에서 운동하다가 다쳤다는 전화가 왔다. 이 자매가 선생님한테 아들을 바꾸어 달라고 하더니, 전화로 아들에게 기도해주는 것이었다. 언젠가는 미국에 와서 신학을 공부하고 중국 교회를 돕고 싶다고도 했다. 큰 꿈을 가진 자매였다.

알고 보니 이 자매가 영어로 성경을 가르칠 선생님을 보내달라고 기도했다고 한다. 그래서인지 한 번도 빠지지 않고 공부에 참석하려고 열심을 내고, 말씀을 사모하고 말씀에 순종하려고 애를 썼다. 공부 시간에 은혜를 받으면 눈물이 글썽해지곤 했다. 하나님 나라의 확장을 위한 꿈과 비전을 가진 이 자매를 하나님께서 귀히 쓰실 줄 믿는다.

이 자매가 2년 전에 미국에서 6개월간 살았던 적이 있었다고 한다.

▲ 영접 기도

그런데 미국 생활에서 가장 안 좋았던 부분은, 전도하려고 해도 주위에 믿는 사람들이 너무 많아서 전도 대상자가 적더라는 것이다. 그에 비하면 중국은 어디에도 전도 대상자가 즐비하다.

하루는 린 자매가 아파트 단지의 이웃 한 명을 성경공부반에 데리고 왔다. 예수를 전혀 모르는 자매였지만 영어 실력을 늘리기 위해 왔던 그 자매는 열심히 성경공부도 따라 했다. 어느 날 다른 학생들이 사정상 모두 결석하고 이 자매와 린 자매만 공부하러 왔다. 이날 우리는 공부 진도를 안 나가고 이런저런 이야기를 하다가 복음을 제시했고 이 자매는 그날 예수님을 영접했다. 그 후 이 자매는 우리가 그 곳을 떠날 때까지 열심히 교회에 출석했다.

청소년들의 현주소

학기가 끝나가며 여름방학이 다가올 즈음, 성경공부반과 기초 영어반 학생들에게 물었다. "여름철에 휴가도 가야 되고 자녀들이 방학이라서 집에 있으면 더 바쁠 텐데, 방학 동안에도 공부를 계속하고 싶나요, 아니면 쉬고 싶나요?" 학생들이 선생님은 어떤 계획이 있느냐고 묻기에, 만약에 공부를 쉬면 우리는 손주들도 보고 건강 체크도 할 겸, 미국에 다녀오겠다고 했다. 그러자 기초 영어반 학생들은 선생님이 좋으실 대로 하시라고 했다.

그런데 성경공부반의 열성 제자인 린 자매가 "우리들은 공부를 쉬어도 괜찮은데, 방학 동안 자녀들을 위한 성경공부를 했으면 좋겠어요."

라고 하는 것이었다. 자녀들이 18세가 되면 부모의 품을 떠나 대학에 갈 텐데, 그들이 아직 부모 품에 있을 때 그들에게 하나님 말씀을 가르치고 신앙심을 심어주고 싶다는 것이다. 주일학교가 없거나 미약한 상황에서 자란 중학생들이 이 교회에 몇 명 있었다. 성경공부반에도 학생 세 명이 중학교로 올라가는 아들을 하나씩 두고 있었다. 이들이 교회에 나오는 것만도 귀한 일이었다.

중국에서 학기 중에는 학교 공부가 아이들 생활의 전부다. 중학생이 되면 주일 저녁부터 금요일 저녁까지 학교 기숙사에서 살고, 주말에만 집에 오는 경우도 있다. 집에서 다녀도 저녁 늦게 하교하기 때문에 숙제를 하다 보면 밤 10시, 11시가 보통이니 신앙 교육을 할 시간이 없다. 이런 상황을 이해하기에, 자녀들을 말씀으로 무장시키기 원하는 부모가 있다는 사실 하나만으로도 감동되는 귀한 일이었다.

그러나 처음 그 말을 듣는 순간 나는 '아, 이 일은 내가 할 수 있는 일이 아닌데….'라고 생각했다. 70세를 바라보는 할머니가 어떻게 컴퓨터 게임을 좋아하는 십 대 아이들의 마음을 사로잡아 영적인 것에 집중하게 할 수 있을까? 영어를 충분히 알아들을 수 없는 그들이었고, 그들의 마음을 사로잡을 만한 언변은 물론이고 중국어도 제대로 구사할 수 없는 나였다. 이건 청소년 사역자가 할 일이지 아무리 생각해도 내가 할 수 있는 일이 아니었다. 나에게 맞지 않는 옷이었다. "하나님, 저는 입이 뻣뻣하고 혀가 둔해요." 입이 둔하다고 하나님께 변명하는 모세가 떠올랐다.

그러나 동시에 변명거리를 찾을 필요가 없는 것도 알았다. "네가 네

힘으로 뭘 하려고 이 땅에 왔니? 지금까지 일어난 일들, 학생들이 영접하고 그들의 심령이 변한 일들이 네 능력으로 한 일이니?" 하나님께서 이렇게 말씀하시는 것 같았다. 지금까지 선교 현장에서 막다른 골목이라고 느낄 때마다 하나님은 길을 보여주시고 가르쳐 주셨다. 필요한 지혜를 주셨다. 그러니 모두 하나님께서 행하셨던 것이 아닌가. 그것을 알기에 감히 빠져나갈 생각이나 변명조차 찾지 못했다. 아무 말도 못하고 이 일을 떠맡을 수밖에 없었다.

건강 때문에 꼭 미국에 가야 한다고 변명하면 아무도 뭐라고 할 사람이 없었다. 그러나 이 어두운 땅에서 자녀들을 빛의 자녀로 양육하고 싶어 하는 부모의 거룩한 소원이 담긴 이 일은 누군가가 마땅히 해야 할 일이 아닌가. 지금 어디 가서 청소년 사역자를 찾을 수 있단 말인가. 내게는 돌덩이를 지는 것같이 버거운 일, 정말 피하고 싶은 일이었지만 맡을 수밖에 없었다. 세대와 언어, 문화를 뛰어넘어야 하는 이 일은 나의 능력으로 할 수 없는 일임을 잘 알면서도 못한다고 말할 수가 없었다.

이렇게 맡아놓고 나니 온갖 스트레스는 나의 몫이 되고 말았다. 무엇을 어디에서부터 해야 할지 깜깜했다. 우선 Y목사님과 린 자매를 포함한 두 엄마와 함께 공부 기간에 대해 의논했다. 일주일 동안 아침부터 12시까지 해야 하나, 아니면 온종일 해야 하나? 그러면 점심은 어떻게 할 것인가? 주위의 믿지 않는 학생들도 초청할 경우, 오가는 교통편은 어떻게 할 것인가?

처음에는 2주간에 걸쳐서 일주일에 세 번씩 하는 방법도 의논해보았다. 그런데 그렇게 하면 처음에 며칠 왔다가 나중에 빠지는 학생들이 많이 생길 것이라고 했다. 장소는 어떻게 할 것인지도 의논했다. 보안 문제 때문에 교회에서 모일 수는 없었다. 여러 가지 논의 끝에, 호텔 등의 외부 장소를 물색해서 3박 4일간 숙박하면서 진행하는 것으로 의견이 모였다.

부모들이 여러 곳을 물색한 끝에 약 1시간 떨어져 있는 작은 도시의 호텔로 장소가 정해졌다. 부모들과 같이 답사를 다녀오고 방을 예약했다. 부모들의 열성과 후원이 없었더라면 불가능한 일이었다. 부모들이 경제적 여유가 있어서 등록비를 받아 모든 비용을 충당했다. 린 자매는 적극적으로 학생들을 모집하며 홍보 담당도 했다.

이런 글을 본 적이 있다. "나는 불완전한 전달자이지만, 그 메시지는 완벽하다(I am an imperfect messenger, but the message is perfect)." 론 폴(Ron Paul)이라는 사람의 말인데, 나한테 적용되는 말이라고 생각되었다. 나는 메시지를 전하기에는 적합하지도 완벽하지도 않은 사람이다. 그러나 내가 전할 메시지인 성경 말씀은 완벽하다.

학생 수양회

이제 해야 할 일 중에 가장 중요한 일은 무슨 말씀으로 3박 4일 동안 이 학생들을 먹이느냐는 것이었다. 짧다면 짧고, 길다면 긴 이 시간을 어떻게 의미 있고 유익하게 쓸 것인가. 나는 선교지에서 무슨 일을 할 때마다 두렵고 떨리는 마음으로 임했다. 나의 부족함을 절실히 깨닫기 때문이었다. 이번에도 마찬가지였다. 나는 목사도 아니고 청소년 사역자도 아닌데, 이 학생들에게 무슨 말씀으로 어떤 내용을 전달해야 할까? 미국에서는 매년 중고등학생 수양회가 있지만, 중국에서 이런 수양회는 상상조차 할 수 없는 희귀한 모임이었다. 이 학생들에게는 언제 다시 이런 기회가 올지 몰랐다. 이번이 처음이자 마지막 수양회가 될 수도 있었다.

그렇다면 이 한 번의 기회에 무슨 말씀이 그들의 마음에 새겨져야 할까? 나는 고민하며 이런저런 교재를 찾다가 네비게이토에서 나온 『그리스도인의 확신』(Lessons on Assurance)으로 공부를 하기로 결정했다. 나는 첫째, 그들에게 구원의 확신을 심어주고 싶었고, 둘째, 그들이 기도 응답의 확신을 갖기를 원했다. 셋째, 죄용서의 확신과, 넷째, 승리하는 삶의 확신을 갖기를 원했다. 다섯째, 그들이 앞으로 그들의 인생길에서 하나님의 인도하심에 대한 확신을 갖고 살기를 바라는 마음이었다.

▲ 『그리스도인의 확신』 교재

이 다섯 가지 확신이 그들의 마음에 새겨진다면, 그들이 비기독교국가에서 기독교인으로 성장하는 데 좋은 기초가 되고 도움이 될 것이라 생각했다. 나는 『그리스도인의 확신』의 영어판 책자를 구입했다.

그 외에도 여러 가지 구

체적인 준비를 시작했다. 3박 4일의 수양회 일정표를 만들고, 이름표를 준비하고, 찬양할 곡들을 골라서 찬양 책자를 만들었다. 모임 장소로 사용될 호텔 방의 장식도 준비하고 교재들을 복사했다. 선물과 단체 티셔

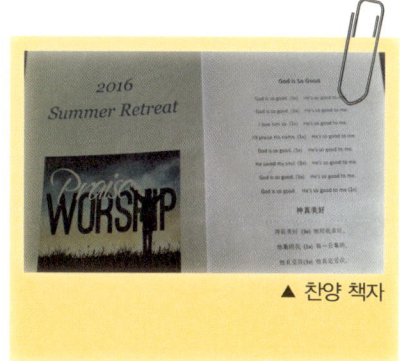

▲ 찬양 책자

츠는 부모들이 구입했다. 중국에서 인터넷으로 기독교 로고(logo)나 그림이 프린트된 티셔츠나 성경 등의 기독교 물품을 마음 놓고 살 수 있다는 것이 재미있다고 생각되었다.

　이러한 준비 과정 가운데 나를 가장 무겁게 짓누르는 것은 공부 내용을 준비하는 것이었다. 우선 1과가 구원의 확신인데, 참석하는 학생들이 다 예수님을 믿는 것은 아니라고 했다. 그러니 예수님을 영접하는

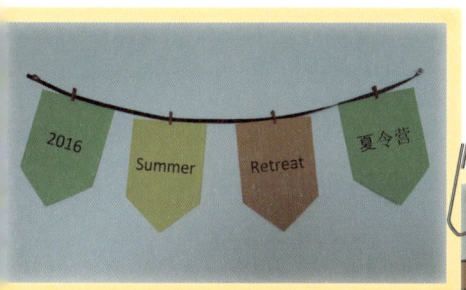

▲ 모임 장소에 붙여놓은 간단한 장식

▲ 영어와 중국어로 암송 구절을 적어놓은 종이 접시 장식

과정을 어떻게 자연스럽게 도입해야 할 것인가의 숙제가 계속 내 머릿속을 맴돌았다. 먼저 구원을 받았어야 구원의 확신을 이야기할 것 아닌가.

도우시는 하나님의 손길

중국에 다시 들어올 때 우리 부부는 학생 비자가 아닌 방문 비자를 받았는데, 체류 60일마다 국외로 나갔다 와야 하는 조건이 있었다. 7월 4일, 우리는 필요한 자료도 살 겸 한국에 다녀오기로 하고 예전에 살던 J시에 들렀다가 한국행 비행기를 타기로 했다. 서울로 출발하는 날 아침에 어떤 선교사님 부부와 아침 식사를 하면서 수양회를 하게 되었다는 말씀을 드리고 기도 부탁을 드렸다. 우리가 교재로『그리스도인의 확신』을 사용하기로 했다고 말했더니, 두 분도 초신자 양육에 그 교재를 사용한다면서 중국어 번역판을 한 권 주셨다. 나는 영어판을 애니에게 번역시켜서 사용할 생각이었는데, 이미 나와 있는 중국어판을 받으니 너무 감사했다. 한 가지 일이 해결된 셈이었다.

오랜 경험자의 승인과 관심에 힘을 얻은 나는, 어떻

▲『인간과 하나님』 책자

게 다루어야 할지 몰라서 씨름하고 있는 숙제를 말씀드렸다. 이 교재의 1과에서는 영접했다는 전제 하에 구원의 확신을 다루는데, 아직 영접하지 않은 학생들에게는 예수님의 영접을 어떻게 자연스럽게 도입해야 할지 고민하고 있다는 말씀을 드렸다. 선교사님은 『인간과 하나님』이라는 또 다른 중국어 책자를 주시면서, 두 분은 이 책자를 가지고 먼저 공부하고 결신을 시킨 후에 확신 공부로 양육하신다고 말씀해주셨다.

나는 그 순간, 이 수양회가 하나님이 기뻐하시는 일임을 확인받는 것 같았다. 내가 어찌할 바를 모르고 있을 때, 앞으로 한걸음 발을 내디딜 수 있도록 하나님께서 가장 적합한 돕는 손길을 보내주신 것이다. 가장 적합한 시간에 만나게 하시고 가장 필요한 도움을 공급해주셨다! 💡 하나님께서 이 일을 이루실 것이라는 더 큰 신뢰와 함께, 마음에 담대함이 왔다. 내 심장은 쿵쿵 뛰었고, 가슴은 감사와 감격으로 터질 것 같았다.

한국에 가기 전에 들러서 지나가던 길이었고, 비행기를 타기 전 2시간가량의 촉박한 아침 시간이었다. 그런데 이때 하나님은 돕는 손길을 만나게 해주시고, 머릿속으로 씨름하고 있던 문제의 답을 알려주셨다. 하나님의 예비하심이었다. 내 힘으로 감당하기에 벅찬 일인 것을 아시는 아버지께서 자격도 능력도 없는 사람을 사용하시기 위해 10여 년간 대학생 선교를 해오신 선교사 부부를 통해 나의 부족한 부분을 채워 주신 것이었다. 오랜 기간에 걸쳐 쌓아온 노하우를 아낌없이 나누어주시는 두 분을 통해 실제적인 도움을 받았을 뿐만 아니라 큰 위로를 받았.

마태복음 10장에서 예수님이 열두 제자를 여러 마을로 보내실 때, 제자들이 잘 준비되었고 모든 것을 구비했기 때문에 보내셨을까? 아니다. 예수님은 그들의 부족함과는 상관없이 사명을 주시고 파송하셨다. 제자들은 예수님의 말씀에 순종하여 각 마을을 다니며 하나님의 나라를 선포하고 복음을 전했다. 가는 곳마다 귀신을 쫓아내며 병 고치는 기적을 행하고 돌아왔다. 결코 제자들이 완벽해서가 아니었다. 주님의 말씀에 순종했기 때문에 가능했던 일이었다. 나의 부족한 모습에도 불구하고 하나님을 신뢰하며 믿음의 발걸음을 먼저 뗄 때, 하나님은 그 일을 감당할 수 있도록 도와주신다. 💡

이제 성실하게 준비할 일만 남아 있었다. 강의를 준비하면서, '내가 영어로 말하는 것을 학생들이 얼마나 알아들을까? 내가 중국어로 준비해서 강의한다 해도 학생들에게 얼마나 전달될까?' 하는 염려가 떠나지 않았다. 그때 '애니를 통역으로 세우면 어떨까?' 하는 생각이 떠올랐다. 이렇게 생각나게 하시는 성령님께 감사드린다. 그래서 2013년 크리스마스에 예수님을 영접하고 양육 받았던 애니가 이번 수양회에서 통역으로 섬기게 되었다. 또 하나의 색다른 감격이었다.

기쁨이 넘친 수양회

수양회에 등록한 12명의 학생을 3조로 나누고 그중 3명의 대학생을 조장으로 정했다. (린 자매의 열성으로 다른 도시에 있던 그의 대학생 조카와 다른 교인의 대학생 자녀도 참석하게 되었다.) 조장의 역할은 공부와 기타 활동 시간에 학생들을 인도하는 일이었다. 각 조에 어머니 한 명씩을 각 팀의 엄마

(team mother)로 세웠다. 이들의 역할은 조장을 격려하고 학생들의 규율 및 생활에 불편한 점 등을 살피며 간식을 담당하는 것이었다. 이 어머니들은 모두 영어 성경반의 열성 학생들이었다.

8월 중순의 어느 날 아침, 우리는 일찍부터 모여서 아빠들이 운전하는 자동차에 나누어 타고 수양회 장소로 갔다. 시골 동네를 지나서 도착한 이곳은 사람이 사는 동네와 떨어져 있기에 안전했다. 먼저 방을 배정하고 각 조와 조장, 팀 엄마를 소개했다. 그리고 나흘의 일정을 소개하는 오리엔테이션 시간을 가졌다.

첫날 오후부터 공부를 시작했는데, 우리는 공부 시간에 모일 때마다 찬양으로 시작했다. 이번 수양회의 히트곡은 '주 예수 사랑 기쁨 내 마음속에(Down in My Heart)'였다. 이 경쾌한 찬양은 학생들이나 엄마들이 모두 좋아했고 손 율동을 하며 다 같이 불렀다. 이 찬양의 율동은 미국에

▲ 학생 수양회에서 통역을 맡은 애니와 함께

있는 한 자매에게 한 달 전에 부탁해서 동영상을 받았었다. 나는 산책을 갈 때도 귀에 이어폰을 꽂고 이 찬양을 들으면서 율동 연습을 했었다. 이렇게 한 달 동안 익힌 덕분에 학생들에게 가르쳐줄 수 있었다. 수양회 기간 이 찬양을 부르며 기뻐 뛰는 우리의 모습을 보시고 하나님은 얼마나 흐뭇하셨을까 하는 생각을 했다.

주 예수 사랑 기쁨
내 마음속에 (어디?) (3x)
주 예수 사랑 기쁨
내 마음속에 (어디?)
내 마음속에 있네

나는 기뻐요 정말 기뻐요
주 예수 사랑 기쁨 내 맘에
나는 기뻐요 정말 기뻐요
주 예수 사랑 기쁨 내 맘에

I've got the joy, joy, joy, joy
Down in my heart (where?) (3x)
I've got the joy, joy, joy, joy
Down in my heart (where?)
Down in my heart to stay

And I'm so happy, so very happy

I've got the love of Jesus in my heart.

And I'm so happy, so very happy

I've got the love of Jesus in my heart.

다섯 차례의 성경공부 시간을 가졌는데, 모두 열심히 들어주었다. 참석한 엄마들도 함께 집중해서 들으며 공부했다. 나중에 평가서를 보니, 이번 수양회의 성경공부를 통해서 어떻게 기도하는지를 배웠고, 말씀 암송의 중요성과 죄의 문제, 우리를 향한 하나님의 사랑과 관심을 알게 되었다고 했다. 또한, 엄마들도 큰 은혜를 받았다고 했다.

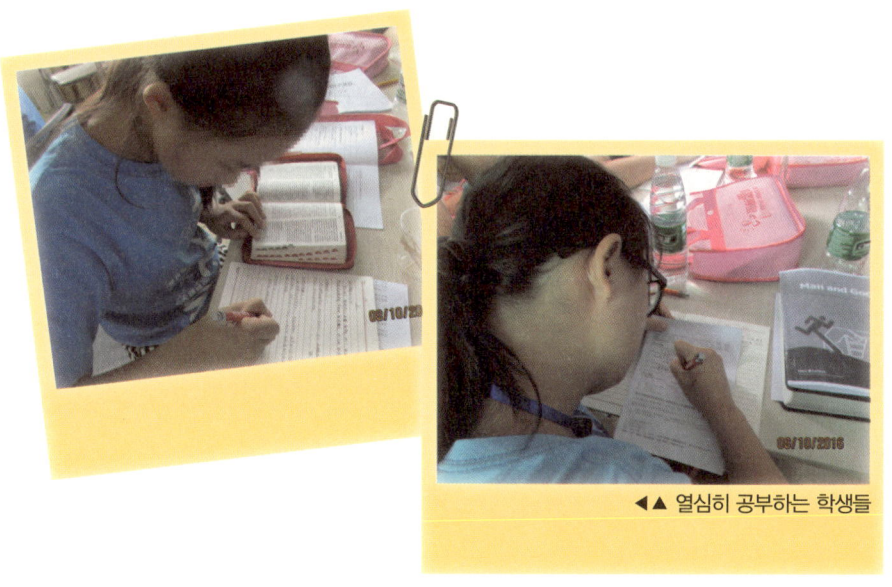

◀▲ 열심히 공부하는 학생들

저녁 프로그램으로는 첫날은 '예수' 영화를 보고, 둘째 날에는 탁구대회를 했다. 마지막 날 저녁에는 팀별로 노래와 말씀 암송, 배운 내용을 응용한 짧은 연극을 하면서 즐겁게 보냈다. 수양회 마지막 날 아침에는 여러 가지 상품을 나누어주고 몇 명이 나와서 간증을 했다.

모든 것이 합력하여

이번 수양회는 기쁨 충만, 은혜 충만이었다. 모두 수양회가 큰 성과가 있었다고 했다. 모두가 함께 힘을 합한 결과였다. 좋은 환경의 안전한 장소를 구해주고 운전을 해준 부모들, 자녀들에게 성경 말씀을 심어주고 싶은 어머니의 간절함으로 자녀를 참여시키고 열심히 학생들을 모집한 부모들, 그 부모들을 따라와 준 자녀들, 통역으로 수고한 애니, 경험을 아낌없이 나눠주신 선배 선교사님, 미국에서 자신의 율동 찬양을 동영상으로 찍어 보내준 자매, 컴퓨터에 문제가 있을 때마다 미국에서 원격으로 도와주신 집사님, 기도로 밀어준 기도팀…. 이 모두의 힘이 합해지고, 그 위에 하나님의 기름 부으심이 있었기에 수양회가 은혜롭게 끝났다고 확신한다.

우리가 K시에서 사는 동안 우리의 사역은 현지 가정교회와 합력하여 그 신앙공동체의 지체들을 세우는 일이었다. 그런데 성경공부반, 기초영어반, 주일학교를 섬기면서 내 마음속에 채워지지 않는 부분이 있었다. 지금 하는 일도 분명히 귀한 사역이었지만, 예전처럼 한 영혼씩 예수님을 믿게 해서 양우리로 인도하는 일에 대한 갈망이 채워지지 않았다. 그래서 내적으로 갈등하기도 했다.

그런데 이번 수양회 공부 시간에 예수님을 초청하는 시간이 있었다. 그때 참석한 12명의 학생이 모두 예수님을 주님으로 영접하기를 소원한다고 손을 들었다. 그중 3명은 처음으로 결신한 학생이라고 했다. 내 마음의 작은 생각까지 감찰하시고 들어주시는 좋으신 하나님께 찬양드린다.

수양회의 사흘 동안 나는 잠을 잘 수가 없었다. 피곤한데도 몸과 마음이 너무 긴장 상태라 잠을 이룰 수 없었다. 보통은 누우면 5분 이내에 잠드는 나에게 이런 현상은 비정상적이고 드문 일이었다. 수양회가 끝난 후에도 나의 피곤 증세는 계속되었고, 미국에 와서도 피곤이 풀리지 않았다. 처음에는 시차 적응 때문인가 했는데 2주가 지난 후에도 가시지 않는 무력감이 있었다. 의사를 만나서 진찰을 받고 검사 결과를 보니 갑상선 기능 저하라고 했다. 한 친구는 이 이야기를 듣더니 하나님이 주신 훈장이라고 했다.

K시를 떠나다

2017년 2월, K시에서 지낸 지 1년이 지났다. J시에 살 때는 학생들을 대상으로 섬기고 교제하다보니 우리가 늘 주고 베푸는 입장이었다. 그런데 여기서는 성인들을 대상으로 공부하고 교제하면서 그들에게 사랑의 대접을 많이 받았다. 좋은 식당에 가서 음식 대접도 받고, 명절 때는 과일 상자를 받기도 했다. 그래서 섬기러 온 우리가 이렇게 대접을 받아도 되나 어색하기도 했다. 되로 주고 말로 받는다는 느낌도 들었다.

계획했던 1년이 지나고 우리가 집으로 돌아간다고 하니까 다들 섭섭해하며 붙들었다. 1년만 더 있을 수 없느냐고도 하고, 한 달만 더 있어 달라고 붙잡기도 했다. 이들의 말이 그저 인사의 말만은 아니었다. 그 정을 생각하면 지금도 마음이 뭉클하다. 린 자매의 남편은 선생님을 귀하게 모시고 대접하는 것이 중국 문화라고 하면서 다음에 선생님이 방문하시면 모든 비용을 부담해서 편히 모시겠다고 했다. 선교지에서 이런 사랑이 담긴 마음을 받으리라고는 상상도 못 한 일이었다.

이들과 공부하고 교제하면서, 중국의 기독교인들을 조금 더 이해하게 된 것 같다. 또 공부를 준비하고 가르치는 과정에서 오히려 내가 얻은 것이 더 많았음을 주저 없이 고백할 수 있다. 💡(우리 부부는 K시를 떠난 지 7개월 만에 다시 그곳을 며칠간 방문할 기회가 있었다. 이들은 정말로 우리 부부에게 좋은 호텔을 잡아주고 비용을 부담해주었고, 저녁 식사 시간도 여러 번 마련해주었다. 이들의 순수한 마음과 정성, 사랑에 감사할 뿐이다.)

우리가 K시를 떠날 즈음, 다민이가 우리를 방문했다. 우리가 이곳을 떠나고 다민이도 몇 달 후에 학교를 졸업하면, 우리가 언제 또 만날 수 있을까 하는 생각이 들었다. 다민이는 그동안 많이 성숙해 있었다.

나는 중국에서 만난 학생들의 눈빛을 보며 느낀 점이 있었다. 예수님을 모르는 학생들의 눈동자는 무언가 맑지 않고 흐렸다. 초점 없이 불안하다고 할까? 방황하는 듯한 느낌이었다. 그런데 교회에서 만난 학생들의 눈빛은 맑고 표정도 밝았다. 그 안에 예수님이 있기 때문이었다. 눈은 영혼의 창이란 말이 있지 않은가? 믿는 학생들에게는 예수님

▲ 엉클 샘에게 기타를 배우는 다민이

안의 소망과 비전이 있기에 눈빛에 그것이 나타났다. 다민이도 처음 우리 집에 왔을 때와 비교해보면 지금 그의 눈빛은 더 안정되고 맑았다.

좋은 집주인

중국에서 아파트 주인을 잘못 만나면 여러 가지 골치 아픈 일이 많고 어려움을 당한다는 이야기를 많이 들었다. 우리는 중국에서 두 번 아파트를 계약했는데, 정말 중국에서 보기 힘든 좋은 집주인을 만났다고 주위에서 모두 놀랐다. 나이 든 우리가 선교지에 가서 산다고 하니 하나님께서 좋은 집주인을 만나게 해주셨다고 나는 생각한다.

첫 번째 대학가(Campus Town)에서의 집주인은 입주 6개월 후에 다음

6개월분 집세를 받으러 오지도 않고 미루다가 4개월이 지난 후에야 받아갔다. 1년 계약이 끝나고 6개월을 더 연장하겠다고 했을 때도 흔쾌히 승낙했다. 우리가 아파트에서 나갈 때도 주인은 열쇠를 받으러 오지도 않고 밥상 위에 놓고 가라는 문자만 보내왔다. 우리는 집 안을 깨끗이 치워서 사진을 찍어 보내고 마지막 전기세, 수도세 등을 계산해놓고 나왔다.

두 번째 집주인은 계약 당시에 부인이 고등학생 아들을 데리고 왔었다. 좋은 고등학교에 입학한 아들의 학교가 너무 멀어서 우리에게 세를 놓고 자기네는 학교 근처에서 세를 산다고 했다. 그 아들과 이야기를 나누다 보니 영어회화를 배우고 싶다는 것이었다. 그래서 남편이 토요일 아침에 오라고 했더니 한 시간 동안 버스를 타고 와서는 남편과 영어회화도 하고, 학교생활에 대해서나 이런저런 이야기를 나누다가 점심을 먹고 남편과 탁구도 한판 치고 돌아갔다. 그렇게 몇 달 동안 열심히 다니면서 '좋으신 하나님' 등 영어 찬양도 같이 부르고, 이야기도 하다가 남편이 사영리 책자로 예수님을 영접시켰다.

한번은 그의 아버지가 아들과 함께 우리가 사는 아파트에 왔다. 계약 당시 우리를 못 만났으니 우리가 어떤 사람인지 보러 온 것 같았다. 아들이 무료로 영어회화를 배우는 기회를 얻었다고 좋아하면서, 아파트에 무슨 문제가 있으면 언제든지 연락하라고 했다. 하루는 온수기가 고장 나서 찬물로 샤워를 했다고 말했더니 당장 새것으로 바꾸어 주었다. 또 한 번은 고향의 특산물이라며 국수 한 상자와 호두 한 자루를 가져다주었다. 자기 아들을 친손자처럼 사랑해줘서 고맙다는 문자도 보내왔다.

　우리는 이 아파트를 계약할 때 1년 치의 집세를 한꺼번에 다 내면 가격을 조금 깎아준다고 해서 그렇게 했다. 또, 계약 기간을 1년 이상으로 연장하면 그 연장 기간에 대해서는 집세를 올리지 않는데, 만약 그 연장 기간 전에 해약하고 나가면 집세의 25% 정도의 벌금이 있다고 했다. 예전에도 우리가 1년을 살고서 다시 6개월을 연장했던 일도 있어서, 우리는 3개월의 연장 기간을 갖기로 하고 계약서에 사인을 했다. 그런데 우리가 1년이 되어 떠나기로 했으니, 주인이 3개월에 해당하는 벌금을 요구하면 계약서대로 낼 수밖에 없었다.

　우리가 떠나기 전날, 주인 부부와 아들이 선물을 사 가지고 찾아왔다. 마지막 전기세와 수도세를 정산하는데, 깎아주겠다면서 중국 돈 300위안을 우리에게 다시 돌려주는 것이었다. 안 받겠다는 우리와 받으라는 주인의 실랑이 끝에, 그러면 이 돈은 앞으로 태어날 아기의 선물을 사라며 주었더니 그제야 도로 받았다.

　최근 중국에서 둘째 아기를 갖는 것이 허용되어 중년의 엄마들이 둘째를 임신하는 경우가 많다고 한다. 우리 집주인도 아들이 고등학교 1학년인데 둘째를 임신한 것이었다. 이렇게 해서 3개월에 해당하는 벌금은 얘기조차 나오지도 않았다. 아름다운 끝맺음에 감사한다.

💡 **선교란?**

- 선교지의 사람들은 선교사의 말보다 선교사의 삶과 행동을 보고 느끼고 배운다.
- 선교지의 다른 관습에서 오는 생활의 적응은 선교사의 몫이다. 예를 들어 주일에 대한 관념이 없는 국가나 이슬람 지역에서의 주일성수는 선교사에게 힘든 부분이 되기도 한다.
- 세계의 공통 언어인 영어 교육은 선교의 좋은 접촉점이다.
- 어린이와 청소년들이 교회에 올 수 있도록 그들이 흥미로워하는 활동을 하는 것도 선교에 도움이 된다.
- 선교지에서는 예상치 못한 일들이 늘 일어날 수 있다고 예상하는 것이 필요하다.
- 선교지에서 하나님은 가장 적합한 돕는 손길을 가장 적합한 때에 보내주시고, 사역에 가장 필요한 도움을 공급해주신다.
- 나의 부족한 모습에도 불구하고 하나님을 신뢰하며 믿음의 발걸음을 떼었을 때, 하나님은 선교지에서의 사역을 감당할 수 있도록 도와주신다.
- 선교지에 나갈 때 선교사가 포기하는 것이 더 많은 것 같지만, 실은 가르치는 과정이나 현지인들과의 사귐에서 오히려 선교사가 얻는 것이 더 많다.

Chapter 7

영원한 짝사랑이어도 좋다

성령의 권능으로

"성공적인 복음 전도란, 결과는 하나님께 맡기며 성령의 권능으로 그리스도를 전하는 데 솔선하는 것이다(Successful witnessing is taking the initiative to share Christ in the power of the Holy Spirit and leaving the results to God)." 대학생선교회(Campus Crusade for Christ)를 창시한 빌 브라이트(Bill Bright) 박사의 말이다.

'taking the initiative'란, 일이나 행동 계획을 시작하는 데 있어 '솔선한다'라는 의미. 증인(witnessing)의 삶을 산다는 것은 솔선해서 불신자들에게 예수님에 대해 알리고 나누는 일인데, 오직 성령의 힘을 빌려서 하는 일이다. 우리는 솔선해서 예수님을 전하기만 하면 되고, 사역의 결과나 열매는 하나님께 맡기면 된다. 얼마나 우리를 자유하게 하는 말씀인가!

지난 시간을 되돌아볼 때, 솔선해서 선교지로 나갔더니 성령님의 도움으로 인해 아름다운 열매들이 있었음을 고백한다. 지나간 시간을 다음과 같이 정리하고 싶다.

하나님을 경험하는 시간

선교지에서의 약 3년은 나에게 하나님을 경험하는 소중한 시간 그 자체였다. 어찌할 바를 모를 때 지혜를 주시고 생각나게 하시며, 길을 열어주시고 돕는 손길을 만나게 해주시는 신실하신 하나님, 놀랍게 일하시는 하나님, 마음의 작은 소원까지도 들어주시는 세밀하신 하나님, 우리가 생각하는 것보다 넘치게 주시는 좋으신 하나님…. 선교지에서 나는 이러한 하나님을 경험했다. 매일의 시간이 하나님이 어떤 분이신지, 하나님의 속성을 경험하는 시간이었다.

물론 미국에서도 경험할 수 있는 하나님이다. 그러나 미국에서는 익숙한 일상생활에서 마치 자동차의 자동 주행 속도 장치(cruise control button)를 누르고 달리는 것처럼 하루하루가 잘 돌아가기 때문에 하나님 생각을 안 하고 그냥 살기 쉽다. 하지만 선교지에서는 모든 것이 서툴고, 모르는 것이 아는 것보다 더 많고, 내 능력 밖의 일에 부닥치게 되니, 하나님만 찾고 의지하지 않을 수가 없었다. 그때마다 하나님은 신실하신 하나님으로 찾아와 주셨고, 그래서 하나님과 더 친밀해지는 시간이었다.

나는 우리가 만난 학생들도 그런 하나님을 깊이 알아가기를 소원한다. 아들을 주시기까지 우리를 사랑하시는 하나님을 알기를 원한다. 그래서 기회가 있을 때마다 그들이 하나님의 속성을 알아가도록 격려하고, 나 역시 끊임없이 추구한다. 그리고 그들도 스스로 이러한 삶을 추구하게 되기를 소원한다.

감사를 배우는 시간

우리는 미국에 살면서 많은 것을 당연한 것으로 받아들이고 산다. 하지만 외국에 나갔다가 미국 공항에 내려 보면 푸른 하늘과 맑은 공기에 대해 감사하게 된다. 특히 공기 오염이 심한 곳을 다녀올 때는 더욱 그렇다. 푸른 하늘과 맑은 공기에 대한 감사는 나에게 영적인 의미도 있다. 중국에서 살다가 미국에 오면, 미국의 풍성한 영적 환경이 나에게는 마치 푸른 하늘을 보며 맑은 공기를 마음껏 마시는 것 같다.

무디(Moody) 라디오 방송을 틀어놓으면 온종일 풍성한 말씀과 찬양을 마음껏 들을 수 있다. 뷔페식당에 온 기분이다. 기독교적인 것을 마음껏 누리고 숨 쉴 수 있다는 것이 얼마나 감사한지 모른다. 교회에서 함께 마음 놓고 마음껏 찬양할 수 있다는 것, 온갖 신앙 서적이나 자료를 마음대로 구할 수 있다는 것, 내가 연약해질 때 힘을 얻을 수 있는 믿음의 선배들이 가까이 있다는 것 등을 생각하면 미국 땅에서 그리스도인으로 사는 것이 얼마나 큰 축복인가를 새삼 깨닫는다.

이런 풍성한 영적 환경은 마치 집의 기초와 같다는 생각을 해본다. 이런 기초 위에 가족과 믿음의 친구들이 좋은 버팀목(support system)이 되어준다. 선교지의 삶이 힘든 이유는 이런 기초와 버팀목이 없거나 약하기 때문이라 생각된다.

나는 한국 경제가 어려웠던 시절에 성장했는데 이것 또한 감사하다. 왜냐하면 발전되지 않은 중국의 시골에 가더라도 한국의 1950년대를 연상하며 큰 문화 충격을 받지 않고, 열악한 시골의 화장실까지도 적응할 수 있기 때문이다. 사도 바울은 빌립보서에서 이렇게 말한다. "어떠

▲ 우리가 즐겨 먹던 1달러 정도의 양고기 국수

한 형편에든지 나는 자족하기를 배웠노니 나는 비천에 처할 줄도 알고 풍부에 처할 줄도 알아 모든 일 곧 배부름과 배고픔과 풍부와 궁핍에도 처할 줄 아는 일체의 비결을 배웠노라"(빌 4:11-12).

우리는 중국에서 6위안(1달러)짜리 국수도 사 먹고, 콩나물시루같이 빽빽하게 사람을 태운 2위안(30센트)짜리 버스를 타고 다니며 생활할 줄도 알게 되었다. 또, 미국에 와서는 스테이크를 먹고 고급 승용차를 몰고 다닌다. 사도 바울의 말씀을 실감하는 듯하다.

단순함이 행복한 시간

선교지에서는 한 가지에만 집중할 수 있어서 행복한 시간이었다. 우리 생활의 초점은 만나는 사람들을 구원의 길로 인도하는 것이었기에 다른 부수적인 활동은 다 접어버리니 생활이 단순해졌다.

살림살이나 소유도 많지 않아서 간단히 살 수 있었다. 밥공기 10개, 국 그릇 10개, 수저 10벌, 밥솥, 냄비, 칼, 도마, 프라이팬, 주전자, 커피잔 몇 개로 학생들에게 밥을 해주며 우리가 먹고사는 데 큰 어려움이 없었다. 갖가지 장식품이나 예쁜 그릇 없이도 잘 지냈다. 집으로 돌아올 때 짐을 싸면서, '이렇게 100kg 정도의 소유물이면 최소한으로 살 수 있는데, 우리는 풍성하게 온갖 것을 다 소유하고 사는구나.' 하는 생각을 해보았다. 우리가 사는 타운 하우스(town house)는 그리 크지 않은데, 선교지에 다녀오고 나니 우리 집이 너무 크게 느껴졌다.

선교지에서는 또 다른 측면의 단순함을 경험하며 그것이 귀하다는 생각을 했다. 그것은 기본으로 돌아가는 단순함이었다. 기독교에 대해 백지처럼 아무것도 모르는 사람들을 만나서 어떻게 그들에게 예수님을 전할까 고민하는 가운데, 단순하지만 분명한 복음을 전하는 것만으로도 충분하다는 것을 경험했다.

화려한 수식어구나 신학적인 설명이 없어도 괜찮았다. 그런 것들이 오히려 백지 같은 마음을 복잡하게 하고 혼란을 가져올 수도 있겠다는 생각이 들었다. 부족한 언어 구사 능력으로도 어린아이에게 가르치듯이 간단하게 복음을 전하고, 신앙생활에 대해서도 아주 기초적인 것을 전하면 되었다. 복음 자체에 능력이 있기 때문이다.

기본으로 돌아가는 단순함이란, 고기를 먹어보지 못한 사람에게 스테이크를 어느 정도로 구워야 맛있는지를 알려주는 것이 아니라, '고기 맛은 이런 것이다.'라고 고기를 한 번 먹여주는 것과 같다고 비유할 수 있을 것이다.

미국이나 한국의 기독교 문화에서 자라고 경험해 온 우리는 여러 가지 맛있고 세련된 설교와 성경공부에 익숙해져 있어서, 좀 더 맛있게 '양념한 고기'를 맛보려 하고, 또 맛보여 주려고 한다. 그러나 주위에서 예수님을 믿는 사람을 보지도 못했고 모든 것이 생소한 이들에게는 우선 기본적인 복음이 마음에 새겨지는 것, 즉 '고기를 한 번 먹어보는 것'으로 시작해야 한다.

맛있는 것을 보면
생각나는 사람들

미국에서 간혹 부부 동반이 아닌 나 혼자 외식하는 자리에 갈 때가 있다. 그때 남편이 좋아하는 생선회, 냉면, 게 다리 같은 음식이 나오면 남편이 생각난다. 맛있는 것을 같이 먹었으면 하는 마음에서다.

선교지에서 돌아와서 나에게 생긴 새로운 현상이 있는데, 그것은 좋은 말씀을 들을 때 '아, 이 말씀을 중국의 영혼들에게도 듣게 해주고 싶다.' 하는 마음이 드는 것이다. 그들에게도 이렇게 좋은 말씀을 맛보게 해주고 싶고, 내가 은혜 받은 말씀을 알려주고 싶다. 좋은 것을 보면 자식들에게 주고 싶어 하는 어미의 심정이랄까?

그들이 예수님을 믿고 교회에 나가긴 하지만, 영적 환경이 풍성하지 않은 곳에 사는 그들의 믿음이 성장하기 위해서는 더 많은 영양분이 필요하다는 아쉬움이 늘 있다. 언젠가 나의 어설픈 중국어(broken Chinese) 로도 그들에게 영양가 있는 좋은 말씀을 풍성하게 먹여주는 날이 올 것이라 소망해본다.

구멍가게 수준의 사역

그동안 우리가 중국에서 한 일은 초라한 구멍가게 수준의 작은 일들이었다. 교육 사업도 아니고, 교회 개척도 아니고, 비즈니스 선교(Business as Mission)와 같은 사업도 아니었다. 그냥 한 영혼, 한 영혼씩 만나서 교제하고 사귀다가 전도하고, 양육하는 작은 규모의 일이었다. 인생의 자투리 시간을 헌신했으니 큰 사역을 시작하기에는 시간도, 여건도, 능력도 충분하지 않았다. 그래도 한 달란트의 시간을 땅에 묻어두지 않았더니, 하나님께서 기쁘게 보시고 열매를 주셨다. 감사할 뿐이다.

애니가 하루는 우리 집에 밥을 먹으러 왔다가 이런 말을 했다. "나도 꼭 믿는 남자와 결혼해서 이다음에 늙었을 때 이모하고 엉클 샘처럼 선교하고 싶어요." 이 말을 들었을 때 '아, 그저 선교지에서 사는 것 자체가 선교구나.'라는 생각을 했다. 구멍가게 사역이어도 괜찮다. 우리를 만나서 한 영혼의 가치관과 삶이 하나님 나라의 백성으로 바뀌었다면 만족이다.

최근에 애니의 근황에 대한 소식을 들었다. 그동안 중학교 교사 일을 하면서 기독교인이기 때문에 학교에서 받는 핍박이나 왕따 같은 것이 좀 있었다고 한다. 하지만 드디어 담임교사의 자리에 오르게 되고, 작년에는 같은 학년의 담임교사들 12명 중에서 최고의 선생님(best teacher)으로 선발되었다는 기쁜 소식을 전해 왔다.

우리 교회의 젊은 집사 부부 몇 분이 우리에게 이런 말을 했다. "우리도 아이들을 다 키운 후에 두 분처럼 선교지에 나가고 싶어요. 두 분을 보며 이삼십 년 후 저희의 모습을 그려보게 됩니다." 얼마나 귀한 마음인가! 우리의 구멍가게 사역이 젊은이들에게 앞날의 그림을 그릴 수 있게 했다는 것은 상상도 못 한 일이었다. 우리를 겸허하게 하는 말이었다. 우리는 그들을 마음껏 격려하고 싶다. 선교지에 나가는 것이 결코 손해 보는 일이 아니라고 서슴지 않고 말해주고 싶다. 내가 내려놓은 것보다 하나님은 더 많은 것으로 갚아주신다고 자신 있게 말해주고 싶다.

우리가 방학 때 집에 오면 만나는 사람마다 우리를 보고 젊어졌다고 한다. 젊은이들과 교제하며 살다 보니 젊음의 에너지가 전달되었나 보다. 선교지에서의 생활을 뒤돌아보면 개인적으로 얻은 것이 너무 많다. 개인전도도 해보고, 성경공부와 수양회도 인도해보고, 많은 사람과 교제하며 사랑하고 사랑받는 등 인생 경험이 풍성해졌다.

선교지로 나갈까 생각하는 시니어들에게는 이런 말씀을 드리고 싶다. 우리는 선교지에서 "그 연세에도 이렇게 오셔서…"라는 말을 종종 들었다. 우리가 사역을 잘하고 못하고를 떠나서, 나이 든 사람이 선교지에 와서 사는 그 자체가 그들에게 감동을 주었다고 생각한다. 시니어 선교사는 나이 때문에 이런 보너스를 받는다. 나는 골프는 잘 모르지만, 골프로 치면 핸디캡을 주는 경우일 것이다.

나는 우리를 통해 예수님을 믿게 된 영혼들과 미국에 돌아와서도 연락하며 지낸다. 애정을 갖고서 품고 기도한 그들이 포도나무에 붙어 있기만을 소원하는 마음이다.

사도 바울은 에베소교회를 떠나면서 그들을 주의 말씀에 맡긴다고 했다. "지금 내가 여러분을 주와 및 그 은혜의 말씀에 부탁하노니 그 말씀이 여러분을 능히 든든히 세우사 거룩하게 하심을 입은 모든 자 가운데 기업이 있게 하시리라"(행 20:32). 우리가 만난 영혼들도 말씀을 먹으며 자라고, 말씀 위에 서기를 소원한다.

어찌 보면 우리의 연락은 늘 일방인 것 같다. 내가 늘 먼저 잘 있느냐고 묻는 편이다. 말씀을 읽느냐고 묻거나, 무슨 새로운 일이 있느냐고 묻기도 한다. 그들이 먼저 안부를 묻지 않으니 때로는 서운한 마음이 들 때도 있다. 그러나 그런 마음은 잠깐이다. 우리들의 관계는 영원한 짝사랑이어도 좋다. 그 영혼들이 그저 귀하고 사랑스럽다.

복음의 문

복음 전도의 문은 열리기도 하고 닫히기도 한다. 추수기는 영원히 존재하지 않는다. 우리가 집으로 온다니까 어떤 사람은 사드(THAAD) 때문에 철수했냐고 묻는데 우리는 원래 계획대로 돌아온 것이었다.

그런데 사실 지금 중국의 종교적 분위기는 긴장감이 고조되고 있다. 물론 이전에도 중국 선교는 긴장과 불안이 저변에 깔려 있었다. 그런데도 요즘 들어 더 긴장된 분위기가 있는 것은, 최근 그들이 종교 정책에 '독립, 자주, 자결'의 원칙을 추가한 후에 생긴 현상이 아닌가 싶다. 이 원칙에 입각한 시행 강령에는 "모든 종교는 중국의 종교, 중국화된 종교라야 한다."는 것이 있다. 사회주의를 성경의 권위보다 더 위에 놓겠다는 뜻이다.

두 번째로, 일부 서양 국가가 종교 자유의 깃발을 들고 중국의 내정을 간섭한다면서, "중국 종교가 외부로부터 독립, 자주, 자결의 원칙을 지켜야 한다."라고 한다. 외국인과의 접촉이나, 재정적 도움을 포함한 외국인의 영향을 엄격히 막겠다는 뜻으로 보인다.

또, "중국의 개신교는 자치(自治, 스스로 치리)하고, 자전(自传, 스스로 전도)하고, 자양(自养, 스스로 양육)한다는 3자(三自) 원칙을 지속해서 준수하고, 사설 집회 시설을 정리하여, 정상적인 종교 활동의 규범과 질서를 촉진해야 한다."라고 한다. 삼자(三自) 교회만을 인정하고, 가정교회를 소위 사설 집회로 간주하며 삼자교회로 등록시켜서 공산당 산하에서 관리하겠다는 뜻으로 해석된다.

이런 때에 우리는 중국 가정교회와 그 지도자들을 위해 기도해야 한다. 그곳에 계신 선교사들을 위해서도 기도해야 한다. 최근 어느 지역에서는 한국 선교사들의 비자를 연장해주지 않고, 한국 사람들에 대한 적대감이 높아져서 시장 아줌마들까지도 불친절하게 대한다는 이야기를 들었다. 선교사들을 주의 날개 아래 보호해주셔서 어려운 상황을 피해가며 주의 일을 지속할 수 있도록 기도해야 한다.

또한, 최근 국제 정세는 한중, 미중 관계가 매우 복잡하고 어지러운 상황이다. 만약 우리가 아직 그곳에 있었다면, 우리를 만나는 중국 사람들이 우리에 대한 호감도가 어땠을까 하는 생각을 해보기도 한다. 5년 전처럼 그렇게 마음 문을 활짝 열고 호기심과 호감을 느끼며 우리에게 다가오지는 못했을 것 같다.

모두 하나님이 하셨다!

우리가 중국에서 지낸 이야기를 하면 어떤 사람들은 "대단하다!"고 말하는데 이 말은 나에게는 아주 듣기 거북한 표현이다. 우리는 대단한 것도 없고, 우리 사역의 열매는 우리가 대단해서가 아니라 하나님이 일하셔서 이루어진 것이기 때문이다.

앞서 여러 번 말한 대로, 선교의 주체는 하나님이시고 우리는 선교의 조역이다. 그렇기 때문에 내가 할 수 있는 것이 없어 보인다고 해서 주저할 필요가 없다. 왜냐하면, 우리가 발걸음을 떼어 선교지로 나갈 때, 하나님께서는 부족한 우리를 하나님의 도구로, 하나님의 조역으로 사용하시고, 하나님께서 놀랍게 일하시기 때문이다.

우리가 익숙한 일상생활을 떠나
선교지로 발걸음을 뗄 때,
하나님은 우리를 통해 일하신다.

When we step out of our comfort zone,
God moves and works through us.

하나님 나라 확장에 우리를 조역으로 사용해주신 하나님께 감사와 모든 영광을 올려드린다.

▲ 모든 영광을 하나님께

감·사·의·글

선교는 동역의 오케스트라

이 지면을 통해 그동안 기도해주시고 여러모로 도움을 주시며 격려해주신 모든 동역자분들께 다시 한번 깊은 감사를 드린다.

선교지에서 한 영혼을 만나 예수님을 소개하는 시간이 다가오면, 나는 후방에 계시는 기도의 동역자에게 먼저 긴급 S.O.S를 보내곤 했다. 그 순간마다 기도해주신 분들께 진심으로 감사드린다. 한 영혼이 주님의 양우리로 들어왔다는 소식을 전했을 때 같이 기뻐해주신 분들께도 감사드린다. 이분들은 마치 그 현장에 있는 듯 생생하게 같이 동역하신 분들이라 생각된다.

많은 분들이 재정적으로도 도우셨다. 우리는 은퇴 후 사회보장 연금(Social Security Benefit)을 받아 어려움 없이 생활할 수 있었기 때문에, 모든 재정의 후원은 선교지에서의 사역비로 사용할 수 있었다. 또한, 하나님께서 보여주시는 곳에 마음껏 후원할 수 있었다. 그렇기에 재정으로 도우신 분들 모두가 함께 현지 중국인 지도자를 돕는 일, 소수민족 마을에 가정교회를 건축하는 일, 선교사들을 위로하고 선교사 자녀들의 학비를 보조하는 일, 가정교회 찬양팀의 음악 훈련을 돕고 가정교회 장소 임대료를 보조하는 일, 새 생명에게 성경을 주는 일, 시골 가정교회에 성경과 찬양집과 의자를 구입해주는 일 등에 동역하신 것이다.

우리 교회의 장로님 한 분은 우리가 떠나 있는 동안 두고 간 집 관리를 맡아주셔서 우리는 아무런 염려 없이 선교에 열중할 수 있었다. 한 자매는 성실하게 우리의 우편물을 처리해주었다. 방학 때마다 자주 들락날락하는 우리를 공항으로 태워다주고 태우러 와주신 고마운 분들도 계시다. 한편, 이상하게도 선교지로 떠나려고 하거나, 선교 보고를 해야 할 때면 컴퓨터에 문제가 생기는 경우가 빈번하게 있다. 또, 선교지에서도 컴퓨터 문제가 생길 때가 있었다. 그때마다 해결해주신 집사님께도 감사드린다.

선교는 동역의 오케스트라이다. 이렇게 함께 선교하는 것을 통해 하늘나라 확장의 아름다운 음악이 온 땅에 퍼져나가는 소리가 들리는 것 같다. 중국에 다녀온 후, 가끔 주위의 분들이 우리에게 '선교사'라는 호칭을 사용하는데, 우리에게는 듣기 불편하고 어울리지 않는 호칭이라 생각된다. 장로, 권사라는 호칭이 더 편하고 좋다. 여러 가지 모양으로 동역해주시고 힘을 주신 모든 분께 다시 한번 깊은 감사를 드린다.

Advice to the Young

"My child, don't forget what I teach you. Always remember what I tell you to do.

My teaching will give you a long and prosperous life…. If you do this, both God and people will be pleased with you.

Trust in the Lord with all your heart. Remember the Lord in everything you do, and he will show you the right way. If you do, it will be like good medicine, healing your wounds and easing your pains. The Lord corrects those he loves, as parents correct a child of whom they are proud.

Happy is anyone who becomes wise. There is more profit in it than there is in silver; it is worth more to you than gold.

Wisdom is more valuable than jewels; nothing you could want can compare with it.

Wisdom offers you long life, as well as wealth and honor.

Wisdom can make your life pleasant and lead you safely through it.

Those who become wise are happy; wisdom will give them life.

My child, hold on to your wisdom and insight. Never let them get away from you.

They will provide you with life - a pleasant and happy life. You can go safely on your way and never even stumble. You will not be afraid when you go to bed, and you will sleep soundly through the night. Wise people will gain an honorable reputation, but stupid people will only add to their own disgrace"(Pr 3:1-35, GNT).

The Benefits of Wisdom

"When I was only a little boy, my parents' only son, my father would teach me. He would say, 'Remember what I say and never forget it. Do as I tell you, and you will live.

Get wisdom and insight! Do not forget or ignore what I say. Do not abandon wisdom, and she will protect you; love her, and she will

keep you safe. Getting wisdom is the most important thing you can do. Whatever else you get, get insight.
Love wisdom, and she will make you great. Embrace her, and she will bring you honor. She will be your crowning glory'"(Pr 4:3-9, GNT).

전환점이 되는 잠언 9장 10절은 이해를 돕기 위해 두 가지 번역본을 사용했다.

"The fear of the LORD is the beginning of wisdom, and the knowledge of the Holy One is insight"(Pr 9:10, ESV).
"To be wise, you must first have reverence for the LORD. If you know the Holy One, you have understanding"(Pr 9:10, GNT).

부록 2 · 사영리(Four Spiritual Laws)

이 사영리는 www.everystudent.com의 'Knowing God Personally (하나님을 개인적으로 알아가기)'에서 가져온 것으로, 허가를 받고 이곳에 실었다(Used by permission from EveryStudent.com).

Principle One : God loves you and offers a wonderful plan for your life.

God created you. Not only that, he loves you so much that he wants you to know him now and spend eternity with him. Jesus said, "For God so loved the world that he gave his only Son so that everyone who believes in him will not perish but have eternal life"(John 3:16). Jesus came so that each of us could know and understand God in a personal way. Jesus alone can bring meaning and purpose to life. *What keeps us from knowing God?*

Principle Two : All of us sin and our sin has separated us from God.

We sense that separation, that distance from God because of our sin. The Bible tells us that "All of us like sheep have gone astray; each of us has turned to his own way"(Isaiah 53:6).

Deep down, our attitude may be one of active rebellion or passive indifference toward God and his ways, but it's all evidence of what the Bible calls sin.

The result of sin in our lives is death -- spiritual separation from God. Although we may try to get close to God through our own effort, we inevitably fail.

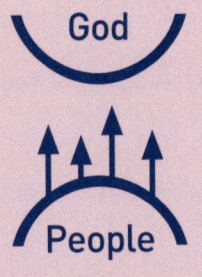

This diagram shows the great gap that exists between us and God. The arrows illustrate how we might try to reach God through our own efforts. We may try to do good things in life, or earn God's acceptance through a good life or a moral philosophy. But our good efforts are insufficient to cover up our sin.

How can we bridge this gulf?

Principle Three : Jesus Christ is God's only provision for our sin. Through him we can know and experience God's love and plan for our life.

We deserve to pay for our own sin. The problem is, the payment is death. So that we would not have to die separated from God, out of his love for us, Jesus Christ died in our place.

The Bible states that Jesus is "the image of the invisible God ··· by him all things were created···"(Colossians 1:15, 16). Jesus was crucified for blasphemy -- for clearly identifying himself as equal to God -- which he was.

On the cross, Jesus took all of our sin on himself and completely, fully paid for it. "For Christ also died for sins ··· the just for the unjust, so that he might bring us to God"(1Peter 3:18).

"···he saved us, not because of righteous things we had done, but because of his mercy"(Titus 3:5). Because of Jesus' death on the cross, our sin doesn't have to separate us from God any longer.

"For God so loved the world that he gave his only Son, so that everyone who believes in him will not perish but have eternal life"(John 3:16).

Jesus not only died for our sin, he rose from the dead(1 Corinthians 15:3-6). When he did, he proved beyond doubt that he can rightfully promise eternal life -- that he is the Son of God and the only means by which we can know God. That is why Jesus said, "I am the way, the truth and the life; no one can come to the Father except through me"(John 14:6).

Instead of trying harder to reach God, he tells us how we can begin a relationship with him right now. Jesus says, "Come to me." "If anyone thirsts, let him come to me and drink. Whoever believes in me ... out of his heart will flow rivers of living water"(John 7:37, 38). It was Jesus' love for us that caused him to endure the cross. And he now invites us to come to him, that we might begin a personal relationship with God.

Just knowing what Jesus has done for us and what he is offering us is not enough. To have a relationship with God, we need to welcome him into our life….

Principle Four : We must individually accept Jesus Christ as Savior and Lord.

The Bible says, "Yet to all who received him, to those who believed in his name, he gave the right to become children of God"(John 1:12). We accept Jesus by faith. The Bible says, "God saved you by his special favour when you believed. And you can't take credit for this; it is a gift from God. Salvation is not a reward for the good things we have done, so none of us can boast about it"(Ephesians 2:8, 9).

Accepting Jesus means believing that Jesus is the Son of God, who he claimed to be, then inviting him to guide and direct our lives.

Jesus said, "I came that you might have life, and have it more abundantly"(John 10:10).

And here is Jesus' invitation. He said, "I'm standing at the door and I'm knocking. If anyone hears my voice and opens the door, I will come in"(Revelation 3:20).

How will you respond to God's invitation?

Consider these two circles :

Self-Directed Life

S Self is on the throne

† Jesus is outside the life

• Decisions and actions are solely directed by self, often resulting in frustration

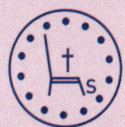

Christ-Directed Life

S Jesus is in the life and on the throne

† Self is yielding to Jesus

• The person sees Jesus' influence and direction in their life

Which circle best represents your life?

Which circle would you like to have represent your life?

Begin a relationship with Jesus…

You can receive Christ right now. Remember that Jesus says, "I'm standing at the door and I'm knocking. If anyone hears my voice and opens the door, I will come in"(Revelation 3:20). Would you like to respond to his invitation? Here's how.

The precise words you use to commit yourself to God are not important. He knows the intentions of your heart. If you are unsure of what to pray, this might help you put it into words:

"Jesus, I want to know you. I want you to come into my life. Thank you for dying on the cross for my sin so that I could be fully accepted by you. Only you can give me the power to change and become the person you created me to be. Thank you for forgiving me and giving me eternal life with God. I give my life to you. Please do with it as you wish. Amen."

If you sincerely asked Jesus into your life just now, then he has come into your life as he promised. You have begun a personal relationship with God.

사명선언문

너희가 흠이 없고 순전하여……세상에서 그들 가운데 빛들로
나타내며 생명의 말씀을 밝혀 _ 빌 2:15-16

1. 생명을 담겠습니다
만드는 책에 주님 주신 생명을 담겠습니다.
그 책으로 복음을 선포하겠습니다.

2. 말씀을 밝히겠습니다
생명의 근본은 말씀입니다.
말씀을 밝혀 성도와 교회의 성장을 돕겠습니다.

3. 빛이 되겠습니다
시대와 영혼의 어두움을 밝혀 주님 앞으로 이끄는
빛이 되는 책을 만들겠습니다.

4. 순전히 행하겠습니다
책을 만들고 전하는 일과 경영하는 일에 부끄러움이 없는
정직함으로 행하겠습니다.

5. 끝까지 전파하겠습니다
모든 사람에게, 땅 끝까지, 주님 오시는 그날까지
복음을 전하는 사명을 다하겠습니다.

서점 안내

광화문점 서울시 종로구 새문안로 69 구세군회관 1층
02)737-2288(T) 02)737-4623(F)

강남점 서울시 서초구 신반포로 177 반포쇼핑타운 3동 2층
02)595-1211(T) 02)595-3549(F)

구로점 서울시 구로구 시흥대로 577 3층
02)858-8744(T) 02)838-0653(F)

노원점 서울시 노원구 동일로 1366 삼봉빌딩 지하 1층
02)938-7979(T) 02)3391-6169(F)

분당점 경기도 성남시 분당구 황새울로 315 대현빌딩 3층
031)707-5566(T) 031)707-4999(F)

일산점 경기도 고양시 일산서구 중앙로 1391 레이크타운 지하 1층
031)916-8787(T) 031)916-8788(F)

의정부점 경기도 의정부시 청사로47번길 12 성산타워 3층
031)845-0600(T) 031) 852-6930(F)

인터넷서점 www.lifebook.co.kr